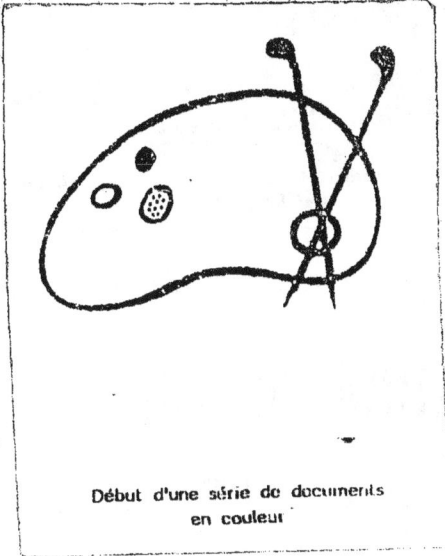

Début d'une série de documents
en couleur

N° 8   COLLECTION ARTHUR SAVAÈTE A 8 FRANCS

*Politique et Littérature, Arts, Sciences, Histoire, Philosophie
et Religion*

ÉTUDES SUR LA RÉVOCATION DE L'ÉDIT DE NANTES EN LANGUEDOC

L'ABBÉ DU CHAYLA

ET LE CLERGÉ DES CÉVENNES

1700-1702

Avec le nom de plus de 500 victimes des Camisards

(Documents inédits)

PAR

l'Abbé J. ROUQUETTE

PARIS

ARTHUR SAVAÈTE, ÉDITEUR

76, RUE DES SAINTS-PÈRES, 76

Fin d'une série de documents
en couleur

L'ABBÉ DU CHAYLA

ET

LE CLERGÉ DES CÉVENNES

DU MÊME AUTEUR

Histoire de la ville de Ganges. Librairie VALAT, Montpellier . . . . 5 fr.

Une année de la guerre des Camisards. Librairie BLOUD, Paris. . . . . . 1 fr.

L'Inquisition protestante. Collection Science et Religion. Librairie BLOUD, Paris.

SAINT-AMAND, CHER. — IMPRIMERIE BUSSIÈRE

N° 6   COLLECTION ARTHUR SAVAÈTE A 3 FRANCS

Politique et Littérature, Arts, Sciences, Histoire, Philosophie et Religion

ÉTUDES SUR LA RÉVOCATION DE L'ÉDIT DE NANTES EN LANGUEDOC

L'ABBÉ DU CHAYLA

ET LE

CLERGÉ DES CÉVENNES

1700-1702

Avec le nom de plus de 500 victimes des Camisards

(Documents inédits)

PAR

l'Abbé J. ROUQUETTE

PARIS

ARTHUR SAVAÈTE, ÉDITEUR

76, RUE DES SAINTS-PÈRES, 76

BIBLIOGRAPHIE

Liasses auxquelles je renverrai le plus souvent, nos 252, 253, 254, 255, 256, 257, 258, 259, 260, 261, 262, 263, 264, 265, 266, 267, 268, 181, 182, 183, 184, 185, 186, 192 et 279.

OUVRAGES A CONSULTER

Relation de la mort de l'abbé de Langlade du Chayla, par M. de RESCASSIER, Toulon, 1703.

Le Fanatisme renouvelé, par LOUVRELEUIL, 3 vol. Avignon, 1704.

Suite du Fanatisme renouvelé, par le même, Avignon, 1706.

Œuvres de FLÉCHIER.

Mémoires de la guerre des Cévennes, par Jean CAVALIER, Londres, 1726.

Hist. générale du Languedoc, par don VAISSÈTE, éd. Privat de Toulouse.

Mémoire pour servir à l'histoire de Languedoc, par LAMOIGNON DE BAVILLE, Amsterdam, 1734.

Mémoires du duc de Villars, La Haye, Pierre GOSSE, 3 vol.

Histoire du fanatisme de notre temps, par BRUEYS. Montpellier, 1713 (a paru à diverses époques en 4 volumes).

Histoire des troubles des Cévennes, par COURT DE GÉBELIN, Villefranche, Pierre Chrétien, 1760.

Mémoires historiques de la révolte des fanatiques, par de GRIMAREST. Paris, Moreau, 1788.

Histoire des réfugiés protestants de France, par WEISS, Paris, 1853.

Les Camisards, par Ernest ALBY, Paris, 1857.

La France protestante, par HAAG.

Bulletin de la société de l'histoire du protestantisme français.

Victimes des Camisards, par l'abbé COUDERC, Paris, 1904.

Relation historique de la révolte des Camisards, par LABAUME, Nîmes, 1872.

INTRODUCTION

Il y a deux ans paraissait un livre : *Victimes des Camisards.* L'auteur se demandait si ces victimes nombreuses qui tombèrent sous le coup des rebelles étaient des martyrs. L'abbé Couderc ne tranchait pas la question ; mais il était facile de voir de quel côté penchait son opinion.

A mon avis, les victimes des Camisards ne méritent pas cet honneur. Sans doute, elles sont bien intéressantes ; quelques-unes même sont mortes dans d'atroces supplices, et jusqu'à nos jours elles n'ont pas eu l'heur de susciter un historien pour rappeler leur mémoire et tirer leurs noms de l'oubli.

Bien plus, les historiens passent à côté d'elles indifférents. Toute leur sympathie va aux bourreaux ; et si une de ces victimes, plus illustre, a eu la chance d'échapper à l'oubli, ils ternissent sa mémoire et livrent son nom en opprobre à la postérité.

Enfin, ces mêmes écrivains, pour étayer leur thèse, ont jeté le discrédit sur les sources même de l'histoire, sur les écrivains catholiques contemporains qui se faisaient dans leurs récits les échos de tout ce qu'avaient souffert à cette époque les populations des Cévennes.

Je ne conteste pas les erreurs de détail que les contemporains ont pu commettre. Elles sont plus nombreuses même qu'on ne le pense. Quoi d'étonnant ? Labaume, le mieux placé pour être bien renseigné — il était juge au présidial de Nîmes et j'ai parfois retrouvé sa signature au bas de certains procès — Labaume n'avait pas toujours sous les yeux l'enquête des juges, et quand le fait se passe dans un coin de nos Cévennes, il a pu augmenter ou diminuer le nombre des victimes, se tromper sur une date.

Mais quand Michelet et, après lui, les critiques modernes ont affirmé qu'on ne pourrait jamais savoir la vérité sur ces années marquées de sang; quand, surtout, ils ont calomnié le clergé des Cévennes, transformant les curés en capitaines, la crosse de Fléchier en bâton de pharaon, ils avaient oublié sans doute que de Baville avait ordonné des enquêtes judiciaires sur ces événements, et que, tôt ou tard, ces mêmes enquêtes sortiraient de la poussière des archives, témoins irrécusables des crimes commis par les Camisards, et jetant sur cette époque une lumière inattendue.

Ce sont ces enquêtes que j'ai parcourues avec le plus grand soin; j'ai étudié ces grosses liasses « la plume à la main », feuille par feuille, sans opinion préconçue.

C'est le fruit de ces recherches que je livre aujourd'hui au public. Sur le seuil de cette époque se dresse la figure de l'abbé du Chayla. On ne peut la dédaigner. Bon gré, mal gré, elle s'impose à l'écrivain, cauchemar pour les uns, héros et martyr pour les autres.

C'est à lui, au clergé des Cévennes, que je veux consacrer cette première étude. Je ne veux pas faire de l'apologie mais de l'histoire. La polémique ne nous sert pas à grand chose. L'Eglise a besoin, pour sa défense, qu'on lui enlève seulement le voile que lui jettent certains écrivains, en mal de popularité, qui pensent, par la magie du style et la faconde de l'imagination, transformer l'histoire à leur guise. La critique impressionniste peut être bonne pour le théâtre, quand l'écrivain réunit dans sa personne l'équilibre parfait de toutes ses facultés. Elle est pitoyable toujours en histoire, surtout quand l'historien est un nerveux, un poète, si l'on veut, comme Michelet.

Relever les erreurs nombreuses commises par les historiens est en ce moment impossible. Il y en a deux cependant que je tiens à détruire de suite.

Michelet dit que la révolte des Cévennes fut avant tout un mouvement populaire et que la noblesse n'y prit aucune part. C'est une erreur. Pierre Laporte, plus connu sous le nom de Roland, et Cavalier n'étaient ni comtes, ni marquis, bien qu'ils en prennent le titre; mais je puis citer, au moins, quatre gentilshommes, originaires des Cévennes et y habitant, qui prirent part à cette guerre:

de Salgas, de Barjeton et deux gentilshommes d'Aumessas.

On a dit encore qu'il y eut complot avec l'étranger. Ce complot, je ne le conteste pas, puisque j'apporterai des preuves nouvelles et indiscutables dans mon étude sur les chefs camisards.

Après la révocation de l'édit de Nantes, Brousson avait tracé les grandes lignes du plan d'invasion. De Goulaine tâcha même de l'accomplir. Les ennemis de la France escomptèrent toujours une révolte dans les Cévennes.

Mais voici où commence l'erreur.

Pour rendre les Camisards plus intéressants, pour donner à cette guerre la sainteté d'une guerre de religion, et faire de ses chefs les champions de la cause de la conscience outragée, les historiens font commencer cette guerre à l'assassinat de l'abbé du Chayla. Ils auraient dû auparavant bien s'informer du jour, car beaucoup se trompent sur cette date qui a pourtant son importance. Ils nous font croire dès lors à une levée en masse des Cévennes au nom de la liberté de conscience, et partent de là pour accuser Lamoignon de Baville, le célèbre intendant, d'imprévoyance et même de mensonge.

Baville n'a pas été imprévoyant ; il n'a pas non plus trompé Louis XIV. La guerre des Camisards — si même encore nous pouvons lui donner ce nom — ne commence vraiment qu'en 1703. Pendant les six mois qui suivent l'assassinat de l'archiprêtre des Cévennes, ce n'est pas une guerre, c'est une série d'assassinats et d'incendies.

Gédéon Laporte, l'oncle de Roland, n'aspirait pas à être un chef de parti : Le 24 juillet 1702, il se fit l'exécuteur des basses œuvres de Meynadier, de ce maire de Barre, dont personne ne parle, l'ennemi personnel de l'abbé du Chayla, qu'il fit assassiner, déchaînant ainsi, sans le vouloir peut-être, la guerre civile dans les Cévennes.

Plus tard seulement les bandes s'organisèrent. Les révoltés appelèrent les étrangers ; et ceux-ci refusèrent quelque temps de prêter secours, parce qu'ils ne voyaient dans Roland, Catinat, Ravanel, Cavalier et les autres chefs de bande que des massacreurs, des pillards et des incendiaires. Le mot, je l'avoue, est dur et cruel, mais il est authentique. Et lorsque, en 1704, Roucayrol arriva dans les Cévennes, porteur des instructions des alliés, il était chargé de dire à Cavalier et à Roland de devenir des vrais chefs de parti, de réclamer la liberté de conscience, et la diminution des impôts, et de ne plus massacrer les prêtres et les anciens catholiques.

Quand Roucayrol arriva, Cavalier avait sacrifié la liberté de conscience à une pension et à un brevet de colonel. Villars l'avait flatté, puis acheté. Roland le suivit quelques jours dans sa soumission et accepta les vivres que les communautés durent lui fournir, conformément à la convention conclue entre Cavalier et Villars, et aux ordres de ce dernier. Le message que Roucayrol lui envoya de Nîmes, parvint à temps à Roland pour l'empêcher de se compromettre autant que Cavalier. Huit jours de retard, et Roland devenait colonel, et la révolte était finie.

Si Meynadier avait imposé silence à sa haine contre l'abbé du Chayla, si la guerre, au lieu de débuter par une longue série de crimes, n'avait éclaté qu'un an après ; si enfin Laporte, l'assassin de l'abbé du Chayla, avait appelé à lui les Cévennes au cri de la liberté de conscience et de la diminution des impôts, le Gévaudan, le Vivarais, une partie du Rouergue, les diocèses d'Alais, de Nîmes et d'Uzès, une grande partie de ceux de Montpellier et de Lodève, se seraient levés au cri libérateur. Les catholiques même se seraient joints à ces bandes, et au lieu de quelques milliers d'hommes, en rupture de ban avec la société, Montrevel, puis Villars auraient eu sur les bras toute une province.

Or, rien de tel dans les commencements ; les bandes opèrent de ci, de là, et ce n'est qu'à la trace des incendies et des assassinats qu'on peut les suivre. Ils attaquent une ferme isolée : ce n'est qu'en 1703 qu'ils osent attaquer des villages et les détruire. Non, quoiqu'on en ait dit jusqu'ici, les Camisards n'ont pas pris les armes dès le commencement pour se soustraire au joug odieux que le clergé, dont Baville n'aurait été que le valet, suivant la parole de Michelet, faisait peser sur eux. On a voulu ainsi donner une auréole à des hommes qui ont terni par des crimes leur cause et celle de leur religion, et qui n'ont songé que plus tard, quand le sang des victimes criait vengeance, à se couvrir du masque de la religion et de la conscience opprimée, pour se faire pardonner leurs pillages et leurs massacres.

L'histoire est là pour l'affirmer, appuyée sur des documents contemporains indiscutables, sur l'interrogatoire des complices de Laporte, de Roland et de Cavalier. Ce qu'on appelle guerre des Camisards, ne fut qu'une vendetta. Ce ne fut pas une guerre au sens propre de ce mot, ni même une guerre de religion, du moins, dans son principe. Rien n'était prêt dans les Cévennes quand, le 24 juillet 1702, l'abbé du Chayla tomba, assassiné par Laporte, soudoyé par Meynadier.

Nota. — Les références que je donne se rapportent toutes aux Archives civiles de l'intendance du Languedoc, série C [1], déposées à la Préfecture de l'Hérault. Je prie ceux qui voudraient contrôler mes assertions et se reporter à l'original, de ne pas se fier à l'inventaire imprimé : il est excessivement sommaire. Beaucoup de pièces, souvent même les plus importantes (la lettre de l'évêque d'Alais, les mémoires de Meynadier, etc.), ne sont pas inventoriées ; elles se trouvent cependant dans le numéro de la liasse que je donne.

[1] En abrégé je donnerai aussi la référence : Arch. int. C. et le numéro de la liasse.

L'abbé du Chayla et le Clergé des Cévennes
(1700-1702)

CHAPITRE PREMIER

LE CLERGÉ DES CÉVENNES AU POINT DE VUE RELIGIEUX
(1700-1702).

La plus indigne calomnie, à mon avis, qui ait jamais été lancée contre le clergé de France en général, du Languedoc en particulier, est d'avoir, après la révocation de l'édit de Nantes, obligé les nouveaux convertis à communier; c'est d'avoir accusé ce clergé de s'être fait complice du sacrilège. Cette calomnie se retrouve jusque sous la plume d'hommes que nous appelons de grands historiens.

Ecoutons Michelet[1].

Si de 1688 à 1698 « les nouveaux convertis ne furent plus dragonnés dans les grandes villes, ils restèrent des suspects de 93, et pis encore, recensés le dimanche par le curé sur les bancs de l'église, tenus au sacrilège... Dans ce grand peuple de damnés, forcés constamment de mentir, de se crever le cœur, d'avaler (en grinçant) l'hostie... »

Il est difficile, je crois, d'écrire plus d'erreurs en moins de lignes...

Michelet dit que de 1688 à 1698 les nouveaux convertis

---

[1] *Louis XIV et le duc de Bourgogne,* ch. XII, les Cévennes.

ne furent plus dragonnés. Donc, ils le furent de nouveau après 1698, pendant les années qui suivirent la paix de Ryswick et précédèrent immédiatement la révolte. Or, c'est le contraire qui arriva. L'édit d'octobre 1685 conserva toute sa vigueur jusqu'en 1698, où il fut adouci, et ne fut pas lettre morte, témoin les nombreuses liasses que l'on peut voir aux archives de l'ancienne intendance.

Ils restèrent des suspects. Cette proposition ainsi formulée n'est pas exacte. Il aurait dû dire : quelques-uns restèrent des suspects.

Recensés le dimanche par les curés sur les bancs de l'église... C'est encore inexact. Il fallait écrire : recensés le dimanche par le consul ou son envoyé à la porte de l'église. S'il tenait à faire figurer un curé dans sa phrase, il aurait pu ajouter : le curé était obligé de fournir au consul un état de tous ceux qui manquaient la messe, ne faisaient pas leurs Pâques ou n'envoyaient pas leurs enfants à l'école et à la doctrine.

Ce sont ces états qui vont nous prouver que les curés et vicaires perpétuels et leurs secondaires n'obligeaient pas les fidèles au sacrilège, et que, si le clergé fut au point de vue politique le serviteur zélé du pouvoir, au confessionnal et à la sainte table, il entendit rester et resta seul juge.

Pour apprécier sainement la conduite du clergé, et comprendre l'embarras dans lequel il se trouva le lendemain du jour où parut l'édit d'octobre 1685, il faut sommairement exposer l'état des nouveaux convertis.

Je les diviserai en trois classes. Les uns se convertirent sincèrement et devinrent de bons sujets du Roi, les uns par conviction, les autres par intérêt[1]. Ceux-ci ne se distinguaient pas des anciens catholiques, occupaient les charges et les fonctions publiques, et jouissaient des mêmes privilèges que les anciens catholiques pendant cette guerre des Camisards ; ils furent dispensés des contributions, et purent conserver leurs maisons dans les trente-deux (et non 400 comme on a écrit) villages condamnés à être

---

[1] Dans les liasses int. C. 252 à 268, on trouvera un certain nombre de plaintes déposées par les nouveaux convertis contre les Camisards ; ceux-ci leur ont causé des dégâts à cause de la sincérité de leur conversion et de leur fidélité au Roi.

brûlés ; ils eurent part aussi à l'indemnité accordée aux anciens catholiques.

Le plus grand nombre que j'appellerai les indifférents — industriels, commerçants, gros propriétaires, etc., — se firent catholiques, surtout dans les villes, pour faire plaisir au Roi et abandonnèrent leur religion, parce que c'était pour eux le moyen de n'être pas inquiétés. Ils allèrent à la messe, comme ils allaient au temple, c'est-à-dire très peu, et s'approchèrent des sacrements aussi rarement qu'ils le purent. C'était l'immense majorité. Il fallait une ordonnance de l'intendant pour les exciter à aller à la messe. Ils obéissaient quelque temps, puis retombaient dans leur indifférence : les affaires les occupaient. Ils eurent parfois à payer des amendes ; mais n'en gardèrent pas rancune. Ceux-ci furent opposés aux Camisards... qui ravagèrent leurs terres aussi bien que celles des catholiques ; mais pactisèrent aussi, souvent momentanément, avec eux quand ils ne pouvaient éviter de le faire.

Ce sont eux qui payèrent la contribution de guerre, avec ceux de la troisième catégorie.

Celle-ci comprenait les faibles, les timides, les peureux. Bientôt ils regrettèrent leur pusillanimité, et sentirent le remords de la conscience. Il ne voulurent pas profiter de l'article de l'édit de Révocation qui leur assurait la liberté de conscience [1] et, par lâcheté, abandonnèrent une religion qu'ils aimaient. Ils n'eurent pas le courage de quelques-uns de leurs coreligionnaires — bien rares, je l'avoue — qui n'abjurèrent pas et conservèrent dans l'intime de leur

---

[1] L'édit de Révocation était formel sur ce point. Il accordait la liberté de conscience ; mais cette liberté était tellement restreinte qu'elle ne permettait pas aux membres d'une même famille de se réunir dans un chambre pour y prier.

Il est certain aussi que les commis de Baville — juges ou consuls — restreignirent la liberté de conscience et prétendirent imposer l'abjuration aux opiniâtres. Etait-ce, comme on l'a dit, la volonté du Roi. Je ne le crois pas. La Révocation de l'édit de Nantes fut, avant tout, une réaction politique. Dans son magistral ouvrage sur les Préliminaires de la Révocation, M. Gachon l'a suffisamment prouvé. Le clergé et Louis XIV ont résisté aux doléances des Etats de Languedoc et aux arrêts des Parlements ; ceux-ci étaient poussés par le peuple. Au surplus, les opiniâtres étaient enserrés dans une telle trame d'édits, de déclarations ou d'arrêts, ils étaient l'objet d'une telle animosité de la part de leurs compatriotes catholiques, qu'il était impossible qu'ils ne tombent sous le coup de la loi, et qu'on ne leur fasse le procès, comme le dit le juge de Vigan à Finiels, de Mandagout. Aussi cet article de l'édit d'octobre 1685 est d'une souveraine ironie.

conscience leur préférence pour une religion proscrite[1].
Ce point d'histoire est indiscutable. Quoi qu'on en ait dit,
tous n'abjurèrent pas, et je doute qu'on puisse citer un
seul protestant poursuivi et puni pour n'avoir pas abjuré.
La liberté de conscience fut respectée, mais la liberté de
conscience n'est qu'un leurre. Il est impossible, en effet,
que l'homme ne manifeste pas au dehors ses sentiments
intimes. Accorder à un peuple la liberté de conscience et
lui refuser la liberté de culte, c'est ajouter l'ironie à la
la liberté. C'est ce que fit Louis XIV. Ils pensaient qu'en
remplissant les formalités prescrites, ils se débarrasse-
raient de toute tracasserie, et ils ne voyaient pas qu'ils
tombaient ensuite, en recommençant à pratiquer leur
culte, sous la loi qui atteignait les relaps.

Il est certain que si les nouveaux convertis n'avaient eu
des rapports qu'avec le clergé, ils n'auraient pas subi
toutes les avanies dont ils furent les victimes.

Que demandait-on, en effet, aux nouveaux convertis ?
Leur inscription sur les registres de catholicité. Le clergé
fit tout son possible pour adoucir la transition si brusque
que l'édit d'octobre 1685 avait fait naître ; dans ces circonstances, il se conduisit généralement avec plus de douceur
que les consuls et les seigneurs[2]. Parmi les preuves nombreuses que je pourrais fournir, je citerai seulement le cas
de Nissolle de Ganges[3].

Après avoir fui de sa ville natale, il y revint au commencement d'octobre 1685, et se cacha dans la maison
de sa sœur. Il raconte lui-même les diverses péripéties de
son voyage pour sortir de France.

[1] Les auteurs protestants parlent de martyrs, ils feraient mieux de dire des
victimes : un martyr ne ment pas et ne se contredit pas, il confesse la vérité.

[2] On trouvera au chap. II de cette étude quelques témoignages des curés en
faveur de leurs paroissiens. Cette conduite du clergé, en 1700, n'est pas différente
de celle qu'il avait tenue en 1685. Parmi les nombreux faits que je connais je puis
citer le suivant.
Une assemblée se tient à Saint-André de Lancize en 1686 : le principal accusé
est André Francezon. Or, dans le dossier, il y a d'abord un certificat de son curé
constatant qu'il remplit bien son devoir. Il y a ensuite contre le principal témoin,
Marie Mouton, âgée de onze ans, un certificat signé du curé et de quelques
habitants constatant que Marie est idiote. Malgré ces deux certificats du curé
André Francezon est soumis à la question ordinaire (14 novembre 1686) (int.
C. 165).

[3] Les réfugiés de la Révocation en Suisse, par COMBES, pasteur, p. p. 39 et suiv.

Le maître de la maison qu'habitait sa sœur « me prit, dit-il, par tous les endroits qu'il crut le plus propre à m'ébranler. Il me cita la révolte générale et la difficulté qu'il y avait à sortir du royaume. Il ajouta que me connaissant propre à consoler les malades et assez hardi pour leur faire la prière sans crainte, il ne doutait point que ce ne fut offenser Dieu et un défaut de charité en moi de les abandonner ; d'autant mieux que je pouvais compter de n'aller jamais à la messe ; qu'on se contentait de ma simple signature ; qu'on ne m'en demanderait pas assurément davantage, et qu'enfin si je voulais lui donner parole, un de mes parents, nommé Boudon, viendrait me prendre sur la nuit pour me conduire chez le curé, et que cependant il l'allait avertir ; qu'il se faisait fort que ce curé qui était de ses amis ne me demanderait aucune chose, mais qu'il se contenterait de me voir et de prendre mon nom ».

Nissolle ne voulut pas y consentir. Il s'enfuit, fut arrêté et enfermé à Aigues-Mortes avec son fils. Ce dernier tomba bientôt malade et sa mère vint le visiter. Un capucin fut présent à l'entrevue de la mère et du fils Nissolle. « Sitôt qu'il vit mon fils, le capucin lui dit, en présence de sa mère, s'il ne voulait pas bien confesser qu'il était un grand pécheur, et lui avouer s'il n'avait jamais eu commerce criminel avec fille ou femme. Mon fils lui répondit qu'il voulait bien avouer à toute la terre qu'il était un grand pécheur, et qu'il ne saurait exprimer combien de fois il avait offensé son Dieu ; mais que pour ce qui était du commerce criminel dont on lui avait parlé, sa conscience ne lui reprochait rien sur ce chapitre. Après cela, le moine s'avisa de lui ordonner pour pénitence de dire trois fois par jour l'oraison dominicale. Mon fils lui répliqua que Jésus-Christ nous ordonnait dans l'Evangile de prier sans cesse. La fin de cette entrevue fut que le capucin donna un certificat à mon fils comme s'il s'était confessé, si bien que sans plus de formalités, on l'élargit et sans l'obliger à faire aucune abjuration... Cependant mon fils étant arrivé à Ganges ne voulut jamais aller à la messe. M. de Ganges s'en aperçut. Il le fit prendre avec un de ses camarades qui ne voulait pas non plus aller à la messe, et les fit tous deux mettre en prison dans une chambre haute du château. »

Cette citation était nécessaire malgré sa longueur. Qu'on mette en parallèle la conduite du vicaire perpétuel de Ganges et du capucin d'Aigues-Mortes avec celle du marquis, et on aura une idée du joug odieux que le clergé des Cévennes faisait peser sur les nouveaux convertis.

Mais pénétrons plus avant au fond de la question. Je vais montrer avec des chiffres à l'appui comment le clergé se rendait complice du sacrilège. Le rapport que je vais citer est bien long. Il est daté de 1700 ; c'est un état des paroisses du diocèse de Mende et que je crois inédit.

C'est dans ce diocèse que la révolte éclata : c'est là qu'opérait l'abbé du Chayla. Voyons jusqu'à quel point le clergé faisait avaler (en grinçant) l'hostie aux nouveaux convertis.

Dans la paroisse de Florac, il y avait 1.200 personnes en âge de communier ; sur ce nombre, il y avait 150 anciens catholiques qui ne doivent pas entrer en ligne de compte ; 500 nouveaux convertis se présentèrent à Pâques au confessionnal, 250 communièrent [1].

Prunet-de-Montvaillant comptait 450 nouveaux convertis, la moitié vinrent se confesser ; 100 environ firent leurs Pâques [2].

Il n'y a que cinq familles d'anciens catholiques sur 500 communiants à Saint-Laurent de Trèves ; sur ce nombre, 100 se présentent ; 50 sont admis à la sainte table [3].

« Des nouveaux convertis » de la paroisse de Vébron — et ils sont plus de 750 communiants — « il s'en est présenté la moitié à la Pâque et environ 100 ont communié » [4].

Fraissinet de Fourques fait exception. C'est pour cela peut-être que cette paroisse eut tant à souffrir des Camisards. Tous les nouveaux convertis se présentèrent et communièrent à la réserve de 10 ou 12. Ils étaient plus de 200 [5].

[1] Rapport sur le diocèse de Mende, int. C. 279.
[2] Rapport sur le diocèse de Mende, int. C. 279.
[3] Rapport sur le diocèse de Mende, int. C. 279.
[4] Rapport sur le diocèse de Mende, int. C. 279.
[5] Archives, même rapport, int. C. 279.

A Barre, sur 370 communiants, les deux tiers environ se confessent, une centaine environ communie[1].

Le Pompidou avait seulement sept familles d'anciens catholiques, 150 nouveaux convertis se présentèrent, et 15 communièrent sur 600 en âge de communier[2].

Les nouveaux convertis de Saint-Martin de Cancelade « viennent tous assez volontiers à l'église »; ils ne viennent pas aussi volontiers au confessionnal. Sur 300 communiants — 12 anciens catholiques — 60 se confessent, 50 communient[3].

Le curé du Bousquet de Labarthe ne doit pas être bien méchant. Il n'a qu'une communion pascale en 1700 — c'est une ancienne catholique — sur 60 communiants[4].

Moissac ne vaut guère mieux : il y a 250 communiants : 20 se présentent, 10 communient. Avec son annexe, Saint-Roman, nous descendons encore plus bas : sur 300 communiants, 10 se confessent, 3 communient[5].

A Sainte-Croix, 400 communiants; 100 se présentent : 8 communient; à Saint-André de Lancise, 450 communiants : 200 se présentent, 3 communient; à Lamelouse, 10 se présentent sur 120, et 5 sont admis[6].

Voici une grève d'un nouveau genre. Les femmes de Saint-Frézal de Ventalon se sont « symdiquées à la sortie de l'assemblée de Monenc qui se tint en 1698 ». Le curé ne demande pour elles ni la prison, ni l'exil. Les hommes ne sont pas entrés dans ce syndicat. Ils viennent se confesser au nombre d'une quarantaine : 20 sont admis : il y avait 400 communiants dans cette paroisse[7].

Saint-Michel de Dèze compte 450 communiants, parmi lesquels il y a 25 anciens catholiques; 37 nouveaux convertis se présentent, 8 communient[8].

Pour ne pas ennuyer le lecteur, passons quelques paroisses des moins importantes : je ne parlerai plus que de trois ou quatre.

[1] Archives, même rapport, int. C. 279.
[2] Archives, même rapport, int. C. 279.
[3] Archives, même rapport, int. C. 279.
[4] Archives, même rapport, int. C. 279.
[5] Arch. int. C. 279.
[6] Arch. int. C. 279.
[7] Arch. int. C. 279.
[8] Arch. int. C. 279.

Voici d'abord la paroisse dont l'abbé du Chayla fut le curé : Saint-Germain de Calberte. Ce digne prêtre sur qui s'acharnent les historiens, ce tortionnaire des nouveaux convertis, n'agissait pas cependant autrement que ses confrères dans le sacerdoce. Sa paroisse avait environ 800 nouveaux convertis ; 208 se présentèrent à confesse, 70 communièrent : un sur 10 [1].

Au Collet de Dèze il y avait 900 nouveaux convertis ; il y eut 60 confessions et 30 communions : un sur 30 [2].

Sur les 1.400 nouveaux convertis de Saint-Etienne de Valfrancesque, 400 se confessent, 120 communient [3].

Je finis par Marvejols. Sur 2.000 communiants il y avait un tiers de nouveaux convertis, près de 700 ; 30 vinrent se confesser, 20 communièrent, c'est-à-dire un sur 35. « Ils sont, d'ailleurs, assidus à l'Eglise, et pour la messe et pour le sermon [4]. »

Ainsi donc, en 1700, dans le diocèse de Mende, un dixième à peine des nouveaux convertis fit ses Pâques ; dans quelques paroisses même, il y en eut un quinzième, et même un trentième ; et, dans une seule, Fraissinet de Fourques, tous se confessèrent.

Je me demande dès lors : 1° où est cette pression exercée sur les nouveaux convertis, pour les traîner au confessionnal ; 2° où est cette pression pour leur faire « avaler (en grinçant) l'hostie ».

On me dira : cela peut être exact pour l'époque dont nous parlons, après la déclaration de 1698 qui, tout en confirmant l'édit d'octobre 1685, apportait cependant quelques adoucissements. C'est dans les années qui suivirent immédiatement l'édit de Révocation qu'il faut placer cette pression épouvantable que le clergé fit peser sur les consciences.

Bien que je veuille conserver pour une autre étude les documents inédits que j'ai pu me procurer sur le rôle du clergé de 1685 à 1698, je répondrai de suite, brièvement, il est vrai, à cette objection.

J'ai parcouru avec le plus grand soin les liasses où sont

[1] Arch. int. C. 279.
[2] Arch. int. C. 279.
[3] Arch. int. C. 279.
[4] Arch. int. C. 279.

contenus les états de plus de soixante paroisses[1] des Cévennes, et des plus importantes. Il y a là une étude très intéressante à faire sur l'état des nouveaux convertis. Chaque famille y figure avec sa fiche ; chaque paroisse y possède sa liste de fugitifs. Tous ces états ont été signés en janvier 1687. Or, dans ces soixante paroisses il n'y eut pas quatre cents fugitifs ; c'est le Collet de Dèze qui en fournit le plus, quatorze, dépassant Le Vigan, Florac et Marvejols.

Il est curieux de lire les fiches mises à chaque famille, souvent même à chaque personne. Si, contre certains, le consul demande une punition ou s'il les marque comme des hommes dangereux, c'est qu'il les soupçonne d'aller aux assemblées proscrites et de ne pas se conformer aux ordonnances de Louis XIV.

Mais, à cette époque, comme plus tard, en 1700, jamais le clergé ne les a obligés à se confesser et à communier.

Je ne citerai que deux cas.

La paroisse de Saint-Jean des Beaucels et Moulès[2] comptait dix-neuf familles de nouveaux convertis. L'état signé par Ventaignes, vicaire du lieu, constate que personne « n'a ni confessé, ni communié ». Tous ont cependant cette note : sont assez assidus.

Or, dans cette paroisse où aucun des nouveaux convertis « n'a ni confessé, ni communié », en 1686, il n'y a pas un seul fugitif, témoin le certificat délivré le 30 janvier 1687 par le consul Jean Ferrier.

Les huit familles du hameau de Ferrières, paroisse de Saint-Laurent de Trèves[5], ont confessé mais n'ont pas communié en 1686, viennent rarement à la messe et ne sont guère assidus. Il n'y a pourtant aucun fugitif dans cette paroisse, où j'ai compté quatre-vingt-dix-neuf familles de nouveaux convertis. Le certificat du consul Pierre Dupuy est daté du 10 janvier 1687.

Ces chiffres, dans leur aridité, prouvent jusqu'à l'évidence que le clergé de Languedoc, des Cévennes en par-

---

[1] Archives int. C. 280 et 281.

[2] En 1686, paroisse du diocèse de Nîmes, plus tard d'Alais, aujourd'hui commune du canton de Ganges, département de l'Hérault.

[3] Chef-lieu de canton de l'arrondissement du Vigan ; en 1680, du diocèse de Mende.

ticulier, a été calomnié. Loin de pousser au sacrilège, comme le disent les historiens, il faisait, au contraire, un triage rigoureux. Il a pu, dans le domaine civil, comme je le dirai bientôt, se prêter aux exigences du Roi ou de l'intendant ; mais, dans le domaine de la conscience, il a voulu rester seul juge, non seulement en 1700, après la déclaration de 1698, mais aussi en 1686 au lendemain de l'édit de Révocation.

Que reste-t-il maintenant de l'affirmation de Michelet ? Une calomnie.

Mais j'irai plus loin ; je vais faire voir comment, en appliquant les principes théologiques et en voulant rester le maître absolu dans le domaine de la conscience, ce même clergé, qui devait subir une législation qu'il n'avait pas faite, fut amené à créer un état de choses contre lequel se sont élevés tous les historiens, après un intendant de Languedoc, de Saint-Priest.

Ce même clergé qu'on accuse si légèrement et sans preuves d'avoir livré nos plus sacrés mystères à des hommes qui n'en voulaient pas, se faisant ainsi complice du sacrilège, avait, au contraire, ce crime tellement en horreur qu'il préférait laisser vivre les époux dans le concubinage plutôt que de les unir par les liens d'un mariage que leur foi leur représentait avec raison comme un sacrilège [1].

A qui la faute ? Pas au clergé qui ne pouvait transiger avec les questions de dogme et de morale, mais à la législation hâtive de l'époque.

L'édit d'octobre 1685 avait enlevé aux protestants leurs libertés civiles et religieuses, mais leur avait assuré la liberté de conscience. L'édit sur ce point était formel, et ne resta point lettre morte ; quelques protestants en profitèrent, comme je l'ai dit. Cette assertion indiscutable est,

---

[1] On pourra, je le sais, me citer quelques cas de profanations d'hosties par les nouveaux convertis J'en ai trouvé un en étudiant les liasses int. C. 280 et 281. Une femme après la communion cracha l'hostie : une sur les 30.000 personnes au moins dont j'ai lu la fiche ! C'est peu, on l'avouera. Je pourrais citer aussi le cas d'une croix profanée, C. 279, mais par un ancien catholique. Ces faits isolés me semblent confirmer la thèse que je défends. Si les nouveaux convertis avaient pris en grinçant l'hostie, tous ne l'auraient pas avalée. Ces crimes ne sont pas particuliers, hélas ! aux Cévenols de 1685 à 1700.

à mon avis, l'un des plus forts arguments contre l'édit de Révocation, qui se taisait prudemment sur les mariages ; argument très sérieux sur lequel insistent fort peu d'historiens, que beaucoup même oublient de mentionner.

Il y eut donc des protestants — bien rares, je l'avoue — qui eurent le courage de résister à l'entraînement général, et qui avaient le droit, que dis-je ? l'obligation de rester en France. Le législateur devait prévoir ce cas puisqu'il accordait la liberté de conscience.

Tous les jeunes gens qui, en 1685, n'étaient pas obligés de se convertir, et qui voulurent profiter de cette liberté octroyée par l'édit, devaient cependant tôt ou tard être obligés de se présenter devant le curé pour se marier.

Cette lacune bien regrettable aurait dû ouvrir les yeux à Louis XIV, et lui montrer que la liberté qu'il laissait à ses sujets protestants n'était qu'un vain mot.

Il était odieux d'un côté de laisser aux réformés la liberté de conscience et de les obliger dans ce grand acte de la vie à se présenter devant le ministre d'un culte qu'ils réprouvaient. D'un autre côté, Louis XIV mettait les curés dans un état de conscience bien perplexe et, parmi les cadeaux embarrassants qu'il leur fit, celui-ci ne fut pas le moindre. Si le curé, officier de l'état-civil en même temps, était dans son droit en refusant d'assister à ces mariages, les protestants n'usaient-ils pas aussi d'un droit primordial, bien plus légal dans cette circonstance, en refusant de se marier devant un prêtre ?

Les enfants qui naissaient de ces unions et qui devaient être baptisés catholiques, étaient les premières victimes de cette lacune dans une législation trop hâtée.

Les mariages des parents n'étant pas inscrits dans les registres de l'état-civil, les enfants étaient considérés comme bâtards, et perdaient les droits que la loi reconnaissait aux enfants légitimes.

En 1700, il est vrai, cette doctrine n'est pas générale ; mais, déjà commence à s'établir cette jurisprudence contre ces enfants illégitimes contre laquelle s'éleva plus tard un intendant de Languedoc.

Il avait tort d'accuser le clergé, il devait s'en prendre à la loi. Quand on enlève à un peuple la liberté de culte, il faut aussi lui enlever la liberté de conscience sous peine de tomber dans l'arbitraire.

Déjà, en 1700, cette question commence à préoccuper le clergé et, par conséquent, les pouvoirs.

A Sainte-Croix, Henri Blanc et Françoise Bourriol, parents par alliance au second degré, sont fiancés depuis quatre ans [1]. Ils vivent « depuis ce temps dans un concubinage public et incestueux dont il y a un enfant, sans que tout ce qu'on leur a pu dire et faire ait été capable de les séparer [2]. »

Ce cas n'était pas isolé ; il était même fréquent.

« On trouve (dans les Cévennes) un grand nombre de concubinages publics et scandaleux parce que, ne pouvant leur administrer le sacrement de mariage sur le peu de marques qu'ils donnent d'une sincère conversion, après avoir passé le contrat de mariage ils habitent ensemble comme mari et femme [3].

« Pour remédier à cet abus si général l'on a proposé deux moyens : l'un, qu'il y eut défense aux notaires de recevoir le contrat de mariage des nouveaux convertis, à moins que les partis n'apportassent un certificat de leur curé comme ils font leur devoir, parce que ce n'est que sur la foi du contrat de mariage qu'ils habitent ensemble.

« L'autre, savoir si les curés pourraient avertir publiquement qu'ils ne publieront aucun ban des nouveaux convertis qu'ils n'aient donné, six mois auparavant, les marques d'une conversion sincère, et s'ils peuvent agir conformément à cela. »

L'embarras du clergé était donc bien grand. Deux libertés, également sanctionnées par la loi, se froissaient continuellement. La législation, sortie de l'édit d'octobre 1685, semblait obliger le clergé à se faire le complice du sacrilège jusque dans le sacrement de mariage, en don-

---

[1] Il est à remarquer que même avant l'édit de Révocation cette union eut été incestueuse : les protestants étaient tenus par l'édit de Nantes à observer les empêchements de l'Eglise catholique.

[2] Arch. rapport cité plus haut int. C. 279.

[3] Cette affirmation de l'auteur du rapport que je cite me paraît incomplète. Il est certain que toujours dans les Cévennes il y eut des ministres ou des prédicants qui se cachaient dans les baumes des montagnes et présidaient *au desert* les réunions. C'est devant eux que les nouveaux convertis se mariaient.

nant au curé seul la tenue des livres de l'état-civil. A cette prétention absurde du pouvoir civil, le clergé de Languedoc opposa toujours énergiquement les droits imprescriptibles de la vérité. Au tribunal de la pénitence, où ne venaient que ceux qui le voulaient, il opérait un triage consciencieux pour ne pas livrer le saint des saints aux indignes ; et plutôt que de se faire complice d'un sacrilège, comprenant que l'homme chez lui était inséparable du prêtre, il préféra laisser les époux vivre dans le concubinage.

Ce clergé que tout à l'heure les historiens trouvaient si facile dans l'administration des sacrements, on le trouvera maintenant bien intolérant. Le législateur qui, par l'édit d'octobre 1685, avait accordé à ses sujets protestants la liberté de conscience, aurait dû prévoir ce cas et se rappeler que l'administration des sacrements échappait à sa compétence. Il aurait dû se rappeler que la société civile et la société religieuse ont des points de contact tellement intimes que les limites ne peuvent être que difficilement fixées : questions mixtes qui ne peuvent être réglées que par un accord à l'amiable, sous peine d'empiéter sur le domaine de la conscience.

La question des mariages protestants en était une. Louis XIV ne pouvait ignorer sur ce point la doctrine catholique. Dès lors, puisqu'il avait laissé aux protestants la liberté de conscience, il devait leur laisser aussi quelques ministres pour les circonstances les plus solennelles de la vie et ne pas obliger ces hommes à se présenter devant un prêtre, sous peine, sur leur refus, d'être regardés comme des concubinaires.

La liberté de conscience appelle nécessairement la liberté du culte, comme l'intelligence appelle nécessairement la parole.

CHAPITRE II

RÔLE DU CLERGÉ AU POINT DE VUE POLITIQUE

C'est surtout le rôle politique du clergé qui a été attaqué avec le plus de vivacité par les historiens. Ils lui ont même attribué un pouvoir dont j'ai en vain cherché les traces dans les documents contemporains. Ce pouvoir, même celui de l'abbé du Chayla, n'a jamais été défini par aucun historien, et je crois qu'il leur serait bien difficile de le préciser, point par point, article par article. Aussi ne pouvant définir ce pouvoir, ils ont préféré se lancer à fond de train dans une diatribe contre le clergé.

Ecoutons Michelet. Le roman de Lamothe est plus près de la vérité que l'histoire de ce poète.

Le clergé « eut la force armée. On voit (même aux lieux importants comme les passages du Rhône) que le curé disposait des milices. Leurs chefs furent ses valets, et Baville, lui-même, le grand valet sur son trône de Languedoc. Le curé-capitaine, le capucin missionnaire, dans leur ardeur gasconne, fougueux, furieux, licencieux, se lâchèrent dans tous les excès, purent enlever qui ils voulaient, et l'envoyer aux prisons de Montpellier. Ce qui me fait frémir dans ce clergé, c'est sa gaieté étrange, la bouffonnerie de Brueys, les plaisanteries de Louvreleuil, la légèreté de l'évêque Fléchier. Toujours le mot pour rire, surtout quand il s'agit des femmes [1]... »

[1] Michelet, *Louis XIV et le duc de Bourgogne*, ch. XII.

Ce qui me fait frémir, c'est l'ignorance de Michelet qui n'a pas lu Fléchier...

Où a-t-il vu d'abord que les curés avaient à leur disposition les régiments ou les milices ? Louis XIV, il est vrai, avait défendu à ses sujets d'aller dans la principauté d'Orange. J'ai trouvé une quinzaine de procès faits à des particuliers pour ce motif et on peut les voir encore aux archives[1]. Les passages du Rhône étaient gardés avec beaucoup de soin. Si on y trouve des soldats et des officiers remplissant ce rôle de policiers, il n'y eut pas un seul curé. Y en aurait-il eu, ils n'auraient fait qu'obéir aux pouvoirs légitimes. Depuis quand veut-on que le clergé donne l'exemple de l'insubordination à l'autorité ? Dans ce cas encore, il faudrait accuser Louis XIV.

Est-ce par ironie, que Michelet a joint au mot curé celui de capitaine ? A l'exemple de Fléchier, il veut, sans doute, reprocher au clergé de cette époque sa pusillanimité, pour ne pas dire sa lâcheté. S'il y avait eu beaucoup de curés-capitaines dans les Cévennes, je suis sûr que la guerre des Camisards n'aurait pas duré un an. Fléchier, autant que Michelet, devait connaître ses curés, et savoir surtout où ils étaient. Or, si l'on peut citer quelques curés qui restèrent dans leurs paroisses, comme ceux de Bernis ou de Montpezat, la presque totalité les abandonnèrent au premier danger, et l'évêque de Nîmes dut les rappeler à l'observance de leur devoir. Michelet n'avait qu'à jeter les yeux sur les œuvres de l'évêque de Nîmes. Malheureusement, les historiens négligent cette source qui, pourtant, a bien sa valeur.

Les documents contemporains viennent appuyer Fléchier. Lorsque, en novembre 1702, Paul Viala qui devait, en 1704, tomber sous les coups de Roland, commença son enquête par ordre de l'intendant, sur les méfaits des premières bandes, dans presque tous les villages où il se rendit, il trouva les fidèles sans pasteur. Ce ne devait pas être de bien terribles capitaines que ces curés.

J'ai trouvé, cependant de 1700 à 1702, un curé-capitaine, c'est le curé de Fraissinel-de-Fourques[2]. Il se mit un jour

---

[1] Arch. int. C. 182.

[2] Pour dire toute la vérité, j'ajouterai que le curé était suivi de son vicaire (Arch. int. 183).

à la tête de quelques soldats pour aller surprendre une assemblée. J'ai parcouru pourtant plus de deux mille enquêtes. D'autres peut-être seront plus heureux pour trouver des curés-capitaines pour appuyer les dires de Michelet. Il n'en restera pas moins à détruire l'autorité de Fléchier qui devait être bien renseigné sur le courage de son clergé. Michelet aurait pu dire avec plus de raison que ces curés-capitaines étaient des curés-déserteurs. Il n'avait pour cela qu'à lire les lettres de l'évêque de Nîmes s'il ne voulait pas se donner la peine d'étudier les grosses liasses des archives de l'ancienne intendance.

Cette manière d'apprécier le rôle du clergé provient de l'idée erronée que l'on se fait de son pouvoir et de son influence. Le haut clergé de Languedoc jouait un grand rôle dans la province. Celui des campagnes et même des villes avait un rôle plus modeste. Sans doute, il entrait de droit dans les conseils politiques, y prenait sa place immédiatement après le consul, et y avait voix délibérative ; mais aux yeux de l'intendant il n'était qu'un subalterne ; ce n'était pas à lui que l'intendant envoyait ses ordres.

J'ai trouvé aussi quelques autres curés-capitaines, et je ne sais si on admirera leur bravoure ; c'était avant l'époque dont je m'occupe en ce moment. Un missionnaire, le P Loydon, accompagna les soldats qui allaient surprendre, fin avril 1686, l'assemblée du Clauzellet. Le soldat, qui dépose, ne dit pas si le missionnaire portait un fusil (int. C. 164).

Le prieur de Mus, Varie, alla lui aussi, en mars 1686, surprendre une assemblée à la Combe des Ors, avec deux hommes et deux enfants. Le vaillant curé-capitaine jugea prudent de rentrer au village avec ses belliqueux paroissiens (int. C. 164).

Mais voici, je crois, le type du curé-capitaine de Michelet. C'est le vaillant Mazaudier, curé de Saint-André de Lancize. Le 27 octobre 1686, le consul du lieu, Dussaut apprend qu'il y a une assemblée au plan de las Fourques. Pendant qu'il court le premier pour avoir l'honneur de la découvrir, il envoie au curé un messager pour le prier « d'avancer la messe » et de se mettre ensuite à la tête des habitants. Le curé obéit et arrive bientôt à la tête d'une trentaine de personnes bien déterminées, qui avaient seulement oublié leurs fusils — les soldats qui arrivèrent bientôt ne les oublièrent pas — je cite le rapport de Dussaut : « nous étant vus les uns et les autres sans aucune sorte d'armes, nous aurions estimé qu'il y aurait trop de témérité d'aller aborder une assemblée que nous jugions extrêmement grande ». Il y avait, en effet, de 250 à 300 personnes au dire des prisonniers (Arch. int. C. 165).

La bravoure n'excluait pas la prudence, et si Louis XIV n'avait eu que des curés-capitaines pour faire exécuter ses édits, les nouveaux convertis, qui étaient toujours armés, auraient pu tenir leurs assemblées sans crainte.

Le prieur, vicaire perpétuel ou secondaire, n'avait pas les officiers et les soldats sous ses ordres. Il était au contraire placé sous les ordres du pouvoir civil. Situation peu en harmonie avec ses devoirs sacerdotaux. Bien plus, en 1700, beaucoup de curés ne vont plus à l'hôtel de ville : leur présence n'y est plus nécessaire pour assurer la majorité aux catholiques : les conseils ne sont plus mi-partis. C'était bon avant 1685. Plus tard, plusieurs curés, qui voulurent user de ce droit, furent combattus même par les conseils politiques et durent s'adresser aux différents intendants de Languedoc pour se faire reconnaître ce droit. Les conseils politiques supportent donc déjà avec peine la présence du curé dans leur sein : ils n'ont plus besoin de sa voix.

A tout instant le clergé pouvait donc recevoir, par l'intermédiaire du consul, une nouvelle ordonnance de Lamoignon qui viendrait scruter jusque dans le confessionnal si le pénitent avait été jugé digne de l'absolution ou lui demander la liste de ceux qui avaient manqué d'assister à la doctrine ou à la messe.

Cette immixtion du pouvoir civil jusque dans le domaine de la conscience le plus intime allait jusqu'à un point qui peut même nous sembler révoltant, jusqu'à ne pas laisser mourir le malade dans la religion qu'il préférait. On ne peut faire un grief à un prêtre qui va voir un malade pour lui donner les secours que la religion propose en ce moment redoutable. De nos jours comme au XVIIe siècle, aucun prêtre ne va jusqu'à forcer la conscience et administrer de force les sacrements. J'ai trouvé beaucoup de cas [1] de prêtres qui ont vu leur ministère refusé au lit de mort des malades. Je n'en ai pas vu les leur imposer de force ; ils se retiraient : leur rôle était fini.

Mais il y avait les funérailles. Le pouvoir civil n'admettait pas cette résistance ; et comme ce refus entraînait des conséquences légales bien graves, il voulait la faire constater légalement. Accompagné de quelques témoins, le juge se rendait au chevet du malade, sans le curé, et lui faisait une courte admonestation pour l'engager à revenir à de meilleurs sentiments. Sur la dénégation du malade de

[1] Voir en particulier Archives int. C. 163.

recevoir les derniers sacrements, il dressait procès-verbal. Le mort n'était pas enterré dans le cimetière catholique. Était-ce une injustice ? Nullement ; ne voulant pas des sacrements de l'Eglise, il ne voulait pas davantage de ses prières, ni du lieu de repos qu'elle avait bénit.

Aux pièces justificatives, on trouvera un de ces procès-verbaux. J'ai choisi à dessein celui-là parce que le fait se passe à Pont-de-Montvert, et qu'il porte la signature du Père Barthélemy que nous retrouverons dans le drame du 24 juillet.

Chacun peut apprécier à sa guise ce rôle du clergé. A mon avis, il fut bien secondaire. Si inquisition il y eut, le clergé des campagnes ne la demanda pas : il la subit. Il put parfois s'y prêter, et fut même heureux peut-être du secours que lui prêtait l'autorité pour favoriser la diffusion de la religion ; mais il ne joua pas le premier rôle. Il fut victime, aussi bien que les protestants, de cette législation trop hâtée qui sortit de l'édit de Révocation. Chargé de favoriser l'application de la loi, dans chaque paroisse, instrument du pouvoir civil qui ne voulait plus reconnaître de protestants en France, et refusait d'avouer sa défaite, espérant sans doute aussi qu'une « douce contrainte », pour employer le mot de Fléchier, pourrait ramener ces hommes égarés, il put se prêter un peu trop aux exigences du pouvoir civil.

Au lieu de le blâmer, nous devons le plaindre et connaître, un peu mieux que nous ne l'avons fait jusqu'ici, quelle fut sa conduite. Si, comme je le dirai bientôt, quelques prêtres oublièrent leur rôle de paix et de charité, le bas clergé en général se comporta mieux que les laïques, et fit tout ce qu'il put pour sauver les nouveaux convertis des châtiments qu'ils pouvaient avoir mérités en enfreignant les ordres de Louis XIV.

Comme je combats en ce moment une opinion trop accréditée, le lecteur est en droit de me demander des preuves. Voici trois faits se rapportant à l'époque qui nous occupe [1].

---

[1] Je pourrais apporter bien des preuves, surtout pour les armées 1685 et 1686, mettant ainsi à profit les nombreux documents que je me suis procuré. Je me contenterai de celui-ci.

« Nous, prêtre, prieur de Lamelouze (diocèse de Mende) attestons et certifions comme le sieur Ollivier, soi-disant commissaire subdélégué de Mgr de Lamoignon,

Quand Meynadier accusa les habitants de Magistavol d'avoir fait une assemblée, les nouveaux convertis en appelèrent au témoignage de leur curé. Devant la commission d'enquête, le curé Jean Veyret dépose « qu'il a pris tout le soin possible pour découvrir les assemblées qui se pouvaient faire dans sa paroisse, ou s'il y avait des fanatiques ; qu'il a mis pour cet effet des inspecteurs dans tous les lieux qui en dépendent et que jusqu'ici, ni par lui ni par les autres, il n'a pu savoir qu'il y en ait eu aucune ni aucuns fanatiques ; que les habitants de Magistavol, nouveaux convertis, viennent *régulièrement à la sainte* (mots raturés dans l'original) ordinairement à la sainte messe et aux instructions, que partie d'iceux ont confessé et communié aux fêtes de Pâques, quoiqu'ils n'y aient pas été forcés [1] ».

Ce bon curé qui ne trompa pas la confiance de ses paroissiens accusés, n'avait qu'à ouvrir les yeux ou qu'à écouter parler. Il aurait appris qu'il y avait dans sa paroisse des fanatiques, et même le plus dangereux d'entre eux, au dire de Meynadier. La déposition de Jean Veyret, curé de Cassagnas, est datée de fin mai 1702. Or, le 17 janvier 1702, Delamoignon écrivait à Meynadier le billet suivant [2].

intendant de la province de Languedoc, fut dans notre paroisse le mois d'octobre dernier avec deux officiers et deux cavaliers, prenant prétexte de faire faire les abjurations aux opiniâtres et le sieur Ollivier s'étant dressé (sic) aux consuls de notre dite paroisse, et sur ce que le dit consul lui demandait l'ordre, il l'aurait battu, ce que le dit consul nous a dit, et de plus le dit sieur Ollivier nous aurait défendu de ne recevoir point l'abjuration du fils de Saint-Pierre-Brés de deux jours et ce retardement ne se faisait qu'en conséquence d'en tirer de l'argent à ce qu'on nous a dit, comme aussi avons entendu plusieurs de nos paroissiens se plaindre des concussions qu'il leur fit. Fait à Lamelouze le septième juin 1686 » (Ganna ? ou Dauna ?) prieur. Arch. C. 163.

Cet Olivier qui se vante d'avoir converti plus de 10.000 hérétiques commit aussi des exactions à Saint-Michel-de-Dèze en octobre 1685 et fut mis en prison, puis délivré à la fin de décembre 1685 sur un ordre de l'intendant qui avait donné l'ordre au susdit (même liasse). Enfin, dans cette liasse on peut voir que le curé de Boisset faisait écrire par son chirurgien, quand celui-ci lui avait fait la barbe, les noms de ceux qui avaient abjuré. Le pauvre chirurgien, nommé Bousquet, paya cher les complaisances du curé (Arch. int. C. 163).

[1] Arch. int. C. 183.

[2] Arch. int. C. 183.

Montpellier, ce 17 janvier 1702.

J'ai reçu, Monsieur, votre lettre du 12 de ce mois. Si le nommé Esprit Séguier est le moteur de tout le désordre qui est arrivé dans vos quartiers, il faut d'autant plus s'attacher à l'attraper. Donnez pour cela, et pour tout ce qui peut contribuer à faire finir le mal, les avis que vous pouvez à M. Poul.

Je suis, etc.   DELAMOIGNON [1].

Or, Esprit Séguier, l'un des plus fameux prophètes, était de Magistavol, paroissien par conséquent du prieur Jean Veyret. Il était avec Laporte à Pont-de-Montvert, le 24 juillet 1702, prit part aux premiers massacres et fut pendu peu après à Saint-André-de-Lancize.

De Magistavol allons à Grizac, paroisse placée aussi sous la juridiction de l'abbé du Chayla. Dans cette paroisse, il y eut une assemblée : je ne sais le jour précis ; mais d'après le témoignage de Pierre Rampon je puis le fixer entre le 17 et le 20 décembre 1701. Elle se tint dans la maison d'Antoine Rampon.

Le pieur de Grizac, Dominique Garrel-Laval, cité comme témoin dépose le 20 janvier 1702 [2].

Il y a trois semaines, il alla avec son frère chez tous les habitants de Grisac « pour les exhorter de venir à la messe qu'ils avaient manquée depuis la fête de saint Thomas, 21 décembre dernier, et d'éviter les assemblées de fanatiques ; parmi lesquels Etienne Rampon, dit Quet, et Suzanne Couret, dirent au déposant qu'ils ne voulaient plus fléchir le genou devant l'idole et qu'elle ne voulait plus venir à l'église ».

Le lendemain, il aperçut une assemblée sur une éminence. Il y alla avec son frère. A son appel, ses paroissiens vinrent au devant de lui. Il y reconnut Jean et Suzanne Couret, Jean Philip, Antoine Rampon, etc... Il ne les menaça pas, il ne les frappa pas, comme fera plus tard Meynadier à l'assemblée de Magistavol. Il leur représenta le tort qu'ils se faisaient à eux-mêmes, et qu'ils feraient mieux

[1] J'ai vu bien souvent la signature de Lamoignon : il ne sépare jamais la particule de son nom.
[2] Arch. int. C. 183.

d'obéir aux ordres du Roi. Suzanne Couret et Antoine Rampon « lui dirent qu'ils aimeraient mieux être pendus que d'aller à la messe », et devant lui se mirent à faire les fanatiques.

Voici enfin un autre fait : je préfère citer la lettre dans son entier pour ne pas en dénaturer toute la saveur [1].

Monsieur,

J'ai cru être dans l'obligation de vous informer touchant une procédure qui a été faite devant M. Loys et que vous avez sans doute reçue.

Le sieur Reynard de Mirevaux ayant battu et maltraité le sieur Gouzy dudit lieu, nouveau converti, qui a obtenu un décret contre le dit Reynard, qui, n'ayant pas d'autre moyen pour se mettre à couvert des poursuites qu'on fait contre lui, a engagé deux ou trois de ses parents ou amis qui ont même eu d'affaires avec le sieur Gouzy, à déposer contre lui et à lui imputer des paroles qu'il n'a jamais proférées.

Le curé de Mirevaux, qui est un des plus honnêtes hommes que nous ayons dans le diocèse, étant informé de ce qui se passait, m'a certifié que le dit Gouzy n'était pas capable de tenir de tels discours, qu'il était assidu aux offices divins, qu'il avait toujours parlé en termes respectueux de la religion, en état même de se marier avec une ancienne catholique.

A Montpellier ce 23 juillet 1704.

MASSILIAN.

Cette lettre nous fait toucher du doigt le grand mal qui dévorait les Cévennes à cette époque. La délation s'y exerçait sur une grande échelle, et le moyen le plus sûr de perdre un ennemi était de l'accuser de fanatisme ou de paroles impies. Le malheureux, fût-il même ancien catholique, était perdu.

Or, à ce rôle, le clergé des campagnes ne se prêta pas... bien plus, les curés se firent les défenseurs des accusés qui demandèrent leur témoignage.

[1] Arch. int. C. 186.

Ce qui ressort de l'étude consciencieuse des documents, ce n'est pas le rôle odieux que les historiens prêtent au clergé. Et qu'on ne croie pas qu'en commençant mes recherches sur cette époque, j'avais une thèse préconçue à défendre. Nullement. J'ai étudié toutes les pages d'une liasse, folio par folio, cahier par cahier, je n'ai pas glané de ci de là, arrivant aux archives pour y trouver des preuves à un fait que je croyais vrai, à une opinion personnelle que je pensais pouvoir étayer de quelques documents, ce qui est toujours facile, surtout pour cette époque. Pour faire un peu de lumière et trouver la vérité sur ces temps où on a jusqu'ici prêté au clergé un rôle contraire à sa vocation, je me suis astreint à un travail minutieux, long et persévérant, et je doute qu'on puisse jamais démolir la thèse que je soutiens en ce moment.

D'une manière générale, et ici je ne fais qu'appuyer l'opinion des contemporains, de Labaume en particulier, le curé fut l'homme des conciliations et des adoucissements, tout en se montrant serviteur zélé du pouvoir.

Les assemblées étaient quotidiennes ; les prophètes partout. Le fanatisme était devenu un mal endémique, comme je le dirai dans mon étude sur les prophètes camisards. Chaque village, chaque hameau avait son homme inspiré, parfois plusieurs, et ses assemblées. Il y eut de nombreux prisonniers et un certain nombre d'exécutions. Les assemblées furent dispersées souvent à coup de fusil et il y eut des tués et des blessés, mais encore une fois je n'ai trouvé qu'un seul curé-capitaine, celui de Frayssinet-de-Fourques : je n'ai trouvé qu'un seul coup de bâton donné par un prêtre, et ce prêtre était l'abbé du Chayla : Meynadier trouva la punition trop douce.

Il est hors de doute aussi que quelques prêtres, s'ils n'allèrent pas jusqu'à frapper les nouveaux convertis, ne voulurent pas rester dans le rôle secondaire que leur assignait l'intendant. Ils voulurent faire du zèle et s'attirèrent les haines de leurs paroissiens, et aussi le blâme de leurs évêques.

De ce nombre était l'abbé de Lavalette, prieur d'Aumessas, du diocèse d'Alais. Cet homme mérite de fixer un peu notre attention.

Ce prieur aurait voulu faire de sa paroisse un fief de

famille : son neveu en était consul et cumulait encore les fonctions de greffier.

Au mois d'août 1701 il fit condamner à l'amende trente personnes pour n'avoir pas assisté à la messe ou n'avoir pas envoyé leurs enfants à la doctrine ou à l'école. Onze seulement payèrent. La somme s'éleva à 20 livres, 9 sols et 6 deniers [1].

L'oncle et le neveu s'entendaient à merveille pour dévaster cette paroisse. Lorsque, quelque temps après, Finiels du Vigan fut chargé d'une enquête sur leurs actes, ce ne fut pas une trentaine mais une centaine de billets que les habitants lui remirent. En voici un modèle [2].

Etienne Caldebert logera deux soldats en pure perte jusques avoir payé cinq livres d'amende portée par l'ordonnance de M. l'Intendant, faute par lui d'avoir ouï la messe le jour de Saint-Laurent. Fait à Aumessas le 22 août 1701.

Signé : MAZERAN, consul.

Or, sur l'état que l'on peut lire aux pièces justificatives, le même Etienne Caldebert n'avait payé que 3 livres, 5 sols. Ce qui nous porte à croire qu'il y a eu mauvaise gestion, pour ne pas dire malversation, c'est que lorsque Finiels demanda les comptes au consul, le total des amendes ne fut plus de 20 livres, 9 sols et 6 deniers, mais de 24 livres, 2 sols, 6 deniers [3].

Le 8 décembre 1701, Lavalette dit bien qu'il a modéré les amendes « selon la commodité d'un chacun » des condamnés. Nous pouvons lui demander de quel droit. L'abbé du Chayla, si coté auprès de l'intendant, aurait pu se le permettre, mais non le simple prieur d'Aumessas qui n'avait aucun pouvoir. Enfin d'où viennent ces 4 livres 7 sols de différence entre son addition et celle de Finiels ?

Le prieur d'Aumessas avoue lui-même que c'est sur sa dénonce et réquisition que les amendes ont été infligées afin de remettre un peu d'assiduité dans les exercices religieux « et surtout — qu'on remarque bien ces mots : c'était

---

[1] Arch. int. C. 181.
[2] Arch. int. C. 181.
[3] Arch. int. C. 181.

un abus de pouvoir — pour obliger les gens à venir à la sainte messe à laquelle depuis quelque temps ils se donnaient la licence de manquer [1] ».

L'abbé de Lavalette fut dénoncé auprès de Lamoignon. Par qui ? Non par ses paroissiens mais par son évêque.

Quand l'évêque d'Alais, vers cette époque, alla faire sa visite, les nouveaux convertis recoururent à son intercession. Ils se plaignirent d'avoir eu à payer des sommes considérables, 300 et même 400 livres d'amende, sous prétexte d'une ordonnance de Lamoignon, ignorée même de l'évêque, contre ceux qui n'allaient pas à la messe. Ce recours des nouveaux catholiques à leur évèque prouve *la confiance qu'ils avaient en sa justice.*

Monseigneur d'Alais, François Chevalier de Saulx, prit, en effet, leur défense, et sa lettre, qu'on pourra lire aux pièces justificatives, si elle jette une certaine clarté sur cette époque, est surtout un terrible réquisitoire contre le prieur d'Aumessas.

Les habitants d'Aumessas, y lisons-nous, « prétendent qu'ils n'ont pas manqué à aller à l'Eglise, et que ce n'est qu'un effet de la haine que leur prieur a pour eux. J'ai eu l'honneur de vous mander, Monsieur, plusieurs fois, la division où est cette communauté, et qu'il est vrai que le prieur avec sa famille en était, en partie, cause... Il serait à souhaiter que le prieur d'Aumessas et sa famille fussent hors de ce lieu-là. Ils ne songent qu'à y être les maîtres avec un autre particulier qui est le sieur de Bénévent. Le sieur de Lavalette, neveu du dit prieur, revenu des pays étrangers où il était fugitif, a encore disparu depuis quatre mois [2] ».

Quelle était cette ordónnance que l'évêque ne connaissait pas ? Le consul d'Aumessas aurait bien pu nous la transmettre avec le modèle de ses billets. Le prieur et son neveu auraient dû se souvenir que la déclaration de 1698 disait *d'exhorter* seulement les nouveaux convertis, et non de les obliger d'aller à la messe ; que si, grâce à Fléchier et aux autres évêques de la province, une exception avait été faite pour le Languedoc, de Baville avait voulu

[1] Arch. int. C. 181. Voir aux pièce justificatives.
[2] Arch. int. C. 181.

cependant faire bénéficier son gouvernement de cette ordonnance.

A cette époque eurent lieu les mêmes abus qu'en 1685 : certains prirent leurs rancunes ou leurs désirs pour les volontés du Roi ; et le peuple fut victime de son ignorance de la déclaration royale.

Cette déclaration de 1698 fut, d'ailleurs, combattue par le haut clergé de Languedoc ; quoique n'apportant pas de nouvelles preuves, je tiens à mettre bien en évidence cette hostilité, afin que nous puissions juger équitablement le rôle politique du clergé [1].

Au moment de la révocation de l'édit de Nantes, Louis XIV n'avait pas consulté les évêques. En 1698, il se décida à leur demander avis. Bossuet, de Noailles, Beauvilliers et de Pontchartrain opinèrent pour une plus large liberté et l'adoucissement de la législation.

La déclaration de décembre 1698 fut une réaction contre l'édit d'octobre 1685. Elle paraît plus libérale ; au fond elle ne fait qu'augmenter le gâchis.

Tout en confirmant l'édit de révocation, Louis XIV *n'ordonnait* plus aux nouveaux convertis d'assister à la messe : il les y *exhortait*.

C'était s'avouer vaincu et couvrir la défaite sous les dehors d'un libéralisme forcé et tardif. La logique exigeait ou la révocation de l'édit d'octobre 1685, ou la continuation de la même politique. Le temps aurait fait peu à peu son œuvre ; la vieille génération huguenote aurait disparu ; la nouvelle, plus instruite, aurait vu ses préjugés s'évanouir pour la plupart ; et, grâce à l'école et aux

---

[1] Je ne puis citer tout au long la déclaration du 13 décembre 1698, qui fut la cause de la controverse entre Bossuet et Fléchier : Voici l'article V qui fait le sujet de cette grave discussion.

Exhortons tous nos sujets et notamment ceux qui ont la haute justice, et autres personnes les plus considérables, ensemble ceux qui se sont nouvellement réunis à l'Eglise d'assister le plus exactement qu'il leur sera possible au service divin, afin d'attirer les grâces que Dieu donne à ceux qui joignent leurs prières particulières à celles de son Eglise ; leur enjoignons à tous de s'y tenir toujours avec révérence et principalement encore dans le temps de la célébration de la sainte Messe et d'y adorer à genoux le Très Saint-Sacrement de l'autel. Comme aussi d'observer les commandements de l'Eglise pour les jeûnes, l'abstinence de viande et la cessation de toutes sortes de travail, et d'avoir soin que leurs enfants et domestiques s'acquittent exactement des mêmes devoirs. »

Abbé du Chayla   2

catéchismes obligatoires, le levain du protestantisme aurait perdu toute sa force.

Il faut dire de la déclaration de 1698 ce que l'on a dit de l'édit de 1685 : elle fut impolitique. Elle rendit l'espoir aux vieux huguenots, et ne leur rendit aucune de leurs libertés, la liberté de ne pas aller à la messe étant une liberté négative. Elle montra aux protestants la faiblesse du gouvernement et entretint dans leur esprit l'espoir d'un retour à l'état premier des choses. Aussi les évêques de Languedoc s'y opposèrent-ils et, à mon avis, avec raison.

Le mémoire qui leur fut adressé leur traçait une ligne de conduite empreinte de la charité chrétienne et témoignait d'une ferme volonté de travailler à la réunion des protestants par une voie bien différente de celle qui avait été suivie jusque-là. Il n'avait qu'un défaut : de ne pas résoudre la difficulté, d'être purement théorique, et de ne pas s'appuyer sur la nature des faits et la réalité de la situation.

On peut admirer le libéralisme de Bossuet et de Noailles. Pour moi je n'y vois qu'un faux-fuyant, et je préfère de beaucoup la franchise toute brutale de Fléchier et l'irréductibilité de sa logique, prouvant jusqu'à l'évidence ou qu'il fallait révoquer l'édit de révocation ou continuer la même ligne de conduite.

Sur cette question l'autorité de Fléchier nous semble plus grande que celle de Bossuet. Il ne parle pas en théologien seulement, mais surtout en homme pratique, connaissant son diocèse et les besoins de cette population dont il a le soin.

A Lavaur, puis à Nîmes, il a eu le temps d'étudier sur place le protestant ; son diocèse — quoique depuis trois ans on lui en ait enlevé une partie pour former celui d'Alais — est un de ceux qui comptent le plus grand nombre de convertis. Il n'ignore pas, sa grande expérience le lui a appris, que *exhorter* seulement les protestants à venir aux offices, ne suffit pas. Dès lors, l'instruction est impossible et Louis XIV n'arrivera jamais au but poursuivi : faire des catholiques. Le Roi se trouve donc dans une impasse : obliger les nouveaux convertis à aller à la messe ou leur rendre leurs pasteurs et leur religion, avouer, par conséquent, qu'il a fait fausse route.

Qu'on lise les lettres de Fléchier au cardinal de Noailles et à Bossuet, son argumentation est irréfutable. Elle s'appuie, en effet, sur la psychologie et sur les faits. Aussi puisque, loin de révoquer l'édit d'octobre 1685, on le confirme, est-il partisan d'une « contrainte salutaire jointe à l'instruction et à la doctrine ».

« Je parle selon mes lumières, continue-t-il, et plus encore selon mon expérience. Chargé dans mon seul diocèse de quarante mille nouveaux convertis avec lesquels je converse depuis onze ans et dont je vois les dispositions présentes, je reconnais, comme saint Augustin le reconnaît de son temps, que la prédication, la raison, la dispute, les conférences et tous les offices de la charité et de la sollicitude pastorale n'avancent guère leur conversion s'ils ne sont soutenus de la crainte des lois et des ordonnances du prince. »

Fléchier combat surtout l'ignorance. Celle des nouveaux convertis dépasse toute mesure. Beaucoup n'ont plus aucune religion ; quelques-uns même ne savent pas le Pater et ignorent les premiers rudiments.

C'est contre cet état de choses que s'élève l'évêque de Nîmes : il faut laisser les protestants à leur religion ou les amener au catholicisme et non à l'indifférence ; qu'on les laisse libres pour les autres exercices du culte catholique ; mais qu'on les contraigne d'aller à la messe où ils se feront instruire.

Après le traité de Ryswick beaucoup ont perdu l'espoir de voir rétablir leur religion. Seules des considérations humaines les retiennent encore loin du catholicisme.

« Nous en avons même trouvé, dit Fléchier, qui nous ont prié de leur faire donner quelque amende pécuniaire, n'osant se déclarer qu'à la faveur de quelque petite violence... Nous n'avons osé jusqu'ici ni parler, ni agir avec assurance, puisqu'il ne paraît encore aucune déclaration des intentions de Sa Majesté, et que lorsque nous les invitons aux exercices de la religion catholique, les méchants nous répondent : le Roi ne l'ordonne pas ; et les bons : faites que le Roi l'ordonne.

Ainsi donc, « pour obéir aux ordres du Roi », Fléchier faisait appel aux bras séculier pour obliger les protestants à se faire instruire. Ce n'est pas sa faute si la contrainte est le seul moyen capable de faire atteindre le but que s'est proposé Louis XIV. Qui veut la fin veut les moyens. On pourra blâmer l'évêque de Nîmes ; je préfère son franc-parler aux hésitations et aux distinctions subtiles de Bossuet. L'évêque de Meaux était plus tolérant. Etait-il pour cela plus dans la vérité ? Comme Fléchier, il n'avait pas 40.000 nouveaux convertis dans son diocèse ; comme Fléchier, il n'avait pas vécu avec eux et ne connaissait ni leurs besoins, ni leurs secrets désirs ; et, s'il faut dire tout le fond de ma pensée, Fléchier, en cette circonstance, faisait preuve d'un plus grand caractère et d'une connaissance plus vraie de la nature humaine que Bossuet.

Ce n'est qu'en se faisant violence ou en la subissant du dehors que l'homme sort de ses préventions et de son ignorance. Les paysans des Cévennes n'étaient pas des Turenne, et n'avaient pas, pour la vérité, l'amour de ces âmes d'élite avec qui Bossuet avait eu affaire. Si on ne veut plus obliger les nouveaux convertis d'aller à la messe, si, comme le dit Bossuet, il y en a qui en sont indignes, pourquoi considérer encore ces hommes comme catholiques et, à certains moments de la vie, les obliger aux pratiques religieuses sous peine bien grave. « Y a-t-il une occasion solennelle dans la vie où l'on n'exige d'eux qu'ils en fassent profession ? Sans cela, les charges interdites, les ordres de succession ôtés, les enfants enlevés, les mariages défendus et les biens confisqués s'ils ne reçoivent en mourant les sacrements de l'Eglise. On les contraint par tant d'endroits. Pourquoi ne les obliger point à s'accoutumer de faire, pendant leur vie, ce qu'on leur rend nécessaire à la mort. »

C'était le coup de l'assommoir : réquisitoire contre l'édit d'octobre 1685 ou la déclaration de 1698, ou plutôt condamnation de tous les deux. Les protestants étaient libres de ne pas se marier devant le curé, et ils étaient punis s'ils ne le faisaient pas ; ils étaient libres maintenant de ne plus aller à la messe, mais ils étaient punis au dernier moment de la vie s'ils ne recevaient pas les derniers sacrements d'une Eglise dont ils ignoraient la doctrine.

Et, avec sa logique sereine, Fléchier continue :

« M. de Meaux ne connaît pas sans doute l'état présent des nouveaux convertis de cette province. On n'y voit presque plus de ces opiniâtres déclarés qui soient ouvertement opposés à la foi. La plupart de nos nouveaux convertis ont perdu le zèle et la vivacité de leurs préventions. S'ils n'ont pas plus d'ardeur pour la religion catholique, ils sont, du moins, parvenus à n'en avoir point d'aversion ; en s'approchant de nous ils s'accoutument peu à peu à nos pratiques. Lassés de vivre sans culte et sans consolation spirituelle, et ne prévoyant plus rien qui puisse rétablir leurs temples, ils sont sur le penchant de venir chercher leur salut avec nous dans nos églises. Un peu d'autorité, un peu de contrainte est capable d'en déterminer la plus grande partie ; ils conviennent eux-mêmes qu'ils ont besoin de ce secours et nous l'éprouvons tous les jours. »

En septembre 1700, Bossuet reçut ce mémoire avec celui de quelques autres évêques de Languedoc, par l'intermédiaire de l'intendant. Il n'y répondit que le 12 novembre. Un ordre de la cour, dit-il, a tranché la question. Théologiquement parlant, il semble qu'on ne peut obliger des hérétiques, qui ne croient pas à la présence réelle, à assister à la messe ; que c'est leur faire commettre un acte d'idolâtrie ; que les princes qui ont terminé les hérésies par une certaine contrainte ne paraissent pas avoir obligé les hérétiques à assister à la messe ; que les y obliger, c'est leur faire croire que la religion consiste seulement dans cet acte extérieur. « Ne nous lassons pas de traiter une question si difficile et, en même temps, si essentielle... Je vois la difficulté de toutes parts. »

La difficulté était cependant bien simple et Fléchier avait mis le doigt sur la plaie : il n'y avait pas de milieu : s'avouer vaincu et détruire toute la législature échafaudée contre les protestants ou les contraindre à aller à la messe. Bossuet s'avouait vaincu ; ses dernières raisons ne pouvaient le convaincre de la vérité de son opinion. Il aurait voulu que l'évêque de Nîmes réponde. Ce dernier déclara qu'il n'avait plus rien à ajouter.

N'avait-il pas d'ailleurs gagné sa cause ? Le 1er novembre 1700, de Torcy écrivait aux intendants et aux évêques : il faut, sur toutes choses, éviter que personne soit forcé d'aller à la messe ; mais, en même temps, de la Vrillière écrivait à de Baville que le Roi, tout en demandant un adoucissement à la législation, se fiait à sa sagesse. Le roi de Languedoc ne voulut pas user de cet avantage : il plaça sa province sous le droit commun.

En faisant appel au pouvoir séculier pour amener par la contrainte les protestants à se faire instruire de la religion catholique, Fléchier ne transformait pas sa crosse en bâton, comme le dit Puaux, et n'oubliait pas que l'évêque est le père et non le bourreau de son troupeau.

Laissons-le nous expliquer lui-même ce qu'il entendait par ce mot de contrainte.

« Je n'entends pas par ce mot des moyens durs et violents, mais des remèdes efficaces. Je parle d'une contrainte qui porte à la conversion et non pas au désespoir, qui soit plutôt une correction qu'un châtiment, qui n'éloigne et n'aigrisse pas ceux qui sont méchants, et qui n'inquiète pas ceux qui sont ou qui veulent devenir bons... Je crois qu'il faut, de temps en temps, par des exemples justes et appliqués, tenir la multitude en crainte : un exil de quelques mois, une petite amende bien ménagée sont capables d'imprimer le respect des lois et d'entretenir, au moins pour un temps, la discipline parmi le peuple. »

Je crois inutile de m'étendre davantage sur cette dispute entre Fléchier et Bossuet. Je crois avoir dit exactement et sans rien voiler quel fut le rôle du clergé. Il ne mérite pas les anathèmes que lui lancent les historiens. Les populations des Cévennes durent subir bien des sévices depuis 1685 jusqu'à 1702 ; ces sévices, je ne les conteste pas, pourvu qu'on ne les exagère pas, et qu'on les mette sur le compte des laïques et non du clergé qui, d'une manière générale, sut s'attirer l'estime des nouveaux convertis. Ces derniers, comme je l'ai dit, avec preuves à l'appui, préféraient avoir à faire aux curés qu'aux maires et aux consuls. S'il y eut quelques membres du clergé qui abusèrent de leur situation, ils furent l'exception, tel le prieur d'Aumessas, et les évêques les dénoncèrent.

Non, il n'est pas exact de dire que les Cévennes se révoltèrent pour secouer le joug odieux du clergé. Je ne prétends pas, certes, avoir retrouvé la liste de toutes les victimes. J'ai pourtant le nom de près de six cents. Sur ce nombre, il n'y a pas trente prêtres. Or, si, comme on se plaît à nous le dire, il y avait un plan concerté d'avance, il eût été facile de prendre presque tous les curés et de les massacrer, le jour où fut tué l'abbé du Chayla. Or, le 24, celui-ci est assassiné, et le 26, Louvreleuil prononce son oraison funèbre ; je ne sais s'il en aurait eu le loisir, si, comme le disent les historiens, les prêtres avaient été traqués partout. Si, enfin, Laporte englobait tous les curés dans une même haine, pourquoi laissa-t-il échapper les missionnaires qui étaient avec l'abbé du Chayla ?

La thèse soutenue jusqu'ici est inexacte. Un personnage manquait dans cette tragédie : c'est Meynadier.

CHAPITRE III

MEYNADIER ET L'ABBÉ DU CHAYLA

Je ne sais pourquoi l'abbé du Chayla a eu le malheur d'attirer sur sa tête les foudres de nos historiens. Tyran féodal, retiré dans les montagnes des Cévennes, où il commande en maître absolu comme Louis XIV à Versailles, il condamne à l'amende, fait mettre en prison, frappe, torture, met à la question, et, véritable monstre saturé de sang et de luxure, tombe enfin sous le poignard de ses subordonnés, fatigués de ses atrocités et de ses convoitises.

Je doute cependant qu'il y ait eu un prêtre dont le caractère ait été plus noble et qui ait su inspirer plus de respect à ses ennemis.

Ce n'est pas lui pourtant qui a formulé la théorie de la contrainte ; ce n'est pas lui qui s'est élevé contre l'ordonnance de 1698. Fléchier est le grand coupable, suivi par les évêques de Languedoc ; et le lecteur pourra juger lui-même, d'après les accusations de Meynadier, que l'abbé du Chayla a mis en pratique les conseils de l'évêque de Nîmes sur la contrainte. Michelet trouve dans les écrits de l'ancien habitué de l'hôtel de Rambouillet une « galante légèreté » ; Puaux l'accuse d'avoir transformé sa crosse en bâton de pharaon ; mais personne encore n'a osé faire retomber sur la tête de l'évêque de Nîmes les anathèmes de l'histoire transformée en roman. Fléchier est trop connu. Ses œuvres lui ont survécu et sont toujours là pour le défendre, bien que ces historiens ne veuillent pas leur accorder l'autorité qu'elles méritent. L'abbé du Chayla, au contraire, ne laissait après sa mort aucun monument pour protéger sa mémoire contre les calomnies. Aussi tous se sont rués à la curée sur ce cadavre percé de coups de baïonnette, déchiqueté, troué comme une écumoire, et chacun à l'envie lui a porté les traits acérés de sa plume.

Voici d'abord Michelet. Je demande pardon au lecteur, mais il faut qu'il le lise.

« Du Chayla s'amusait à torturer chez lui dans sa cave. La torture d'un homme lui amenait les femmes, les mettait à discrétion. Quand, par les soupiraux, les cris du père martyrisé arrivaient à la mère, à la fille, elles se livraient Elles se damnaient pour le sauver, et encore elles n'étaient sûres de rien. Cet homme racheté si cher, on pouvait le reprendre et l'envoyer à Montpellier. Elles restaient serves du caprice, avilies et désespérées. »

Henri Martin écrit à son tour.

« Un abbé du Chayla, archiprêtre des Hautes-Cévennes et inspecteur des missions, était depuis quinze ans le tyran de ces montagnes. Il y perpétuait les dragonnades. Il faisait de sa maison un cachot et un lieu de tortures. Il y renouvelait les atroces inventions des despotes féodaux sans avoir même pour excuse l'austérité du fanatisme ; car il mêlait, dit-on, la luxure à la férocité ».

A ces lignes de nos historiens modernes, opposons les contemporains ; je ne citerai que le catholique Labaume et que le protestant Court de Gébelin. Louvreleuil et Brueys pourraient en effet paraître suspects à certains : le premier était prêtre et ami personnel de l'abbé du Chayla ; le second est trop partial et trop exagéré au dire de quelques-uns.

Labaume, au contraire, s'impose à tous par son autorité, son caractère et sa modération.

« On se plaignait, dit-il [1], surtout de la sévérité de l'abbé du Chayla. C'était le chef de la mission des Cévennes. M. de Baville, qui le considérait comme un homme très zélé pour la religion et pour le service du Roi, lui avait

---

[1] *Relation historique de la révolte des fanatiques ou Camisards*, p. 28. — Malgré quelques erreurs de détail, Labaume doit faire autorité : il est mieux renseigné que Court.

confié la conduite des nouveaux convertis du Gévaudan et d'une partie des Cévennes. Il avait été agrégé au séminaire de Paris des Missions étrangères. Il avait fait un voyage à Siam ; à son retour, il s'était appliqué avec une attention sans relâche à faire de bons catholiques des nouveaux convertis des Cévennes, mais avec trop de rigueur et de dureté pour ceux qui ne remplissaient pas leur devoir. Charitable, toutes les fois qu'il ne s'agissait pas de tolérer les assemblées qui ont été la source des troubles, il travaillait avec une application continuelle à les empêcher et à les découvrir ; c'est ce qui lui attira la haine des nouveaux convertis qui l'accusaient d'être intéressé et de profiter de l'autorité qu'on lui avait confiée pour s'enrichir. On doit lui rendre cette justice que ses soins et sa vigilance ne contribuèrent pas peu à contenir le pays des Cévennes dans l'obéissance pendant la dernière guerre. Cette conduite mit en fureur contre lui les mal intentionnés qui le regardaient comme un obstacle continuel au projet qu'ils avaient fait depuis longtemps de prendre les armes. Aussi, dans le dessein qu'ils formaient de secouer le joug de la tyrannie des ecclésiastiques (car c'est ainsi qu'ils nommaient le soin qu'on prenait de les instruire) ils résolurent de commencer cette entreprise par la mort de l'abbé du Chayla ».

Voici maintenant Court de Gébelin [1].

« On aura peine à croire tout ce que fit l'abbé du Chayla. Baville, qui connaissait son zèle ardent... l'avait fait établir en 1687 inspecteur des missions des Cévennes.

« Il n'est point de moyens, quelque violents qu'ils parussent, que cet abbé n'employât pour parvenir au but qu'on s'était proposé en l'établissant chef de ces missions et pour remplir la confiance que les ministres du Roi avaient en lui : il ne se faisait aucune peine de se mettre à la tête des troupes qui allaient à la quête des assemblées et de nuit et de jour. Les prisonniers qui avaient le malheur de tomber entre ses mains essuyaient des traitements qui paraîtraient incroyables, s'ils n'étaient attestés par tous les habitants de ce pays-là [2]. Tantôt il leur arrachait

---

[1] *Histoire des troubles des Cévennes*, t. I, p. 32-38, édit. de 1760.

[2] Demandons aux prisonniers la manière dont l'abbé du Chayla les traitait.

A la fin de mars 1692, il va avec quelques soldats arrêter un prédicant, nommé

avec des pincettes le poil de la barbe ou des sourcils, tantôt, avec les mêmes pincettes, il leur mettait des charbons ardents dans les mains qu'il fermait et pressait ensuite avec violence jusques à ce que les charbons fussent éteints. Souvent il leur revêtait tous les doigts des deux mains avec du coton imbibé d'huile ou de graisse qu'il allumait ensuite et faisait brûler jusqu'à ce que les doigts fussent ouverts ou rongés par la flamme jusques aux os... Lorsque tous ces différents supplices n'opéraient pas selon les vœux de cet abbé, il faisait enfermer les prévenus dans des prisons et les tenait dans les ceps. C'est dans cet instrument inventé pour lasser la patience la plus à l'épreuve et la constance la plus longue que cet abbé tenait ces malheureux pris par les pieds et par les jambes, et dans une posture si gênante qu'ils ne pouvaient rester ni assis ni debout et qu'ils souffraient les plus cruels tourments.

« Inquisiteur toujours actif, il volait de paroisse en paroisse et de maison en maison pour y chercher des coupables et pour traîner aux exercices de l'Eglise Romaine ceux que des mouvements de conscience tenaient éloignés. Malheur à celui qui lui déplaisait ou qui avait le courage de lui résister : il le ruinait par des contributions et des amendes, dont il était toujours le maître, il le tourmentait par des supplices cruels, il l'assommait lui-même à coups de bâton.

David Couderc. Voici le récit de son arrestation, fait par Couderc lui-même, dans son interrogatoire du 29 mars 1692 — à part quelques légères variantes, il concorde avec celui de l'abbé du Chayla et des dragons.

« Après qu'on eût ouvert la porte de la dite maison, deux hommes y étant entrés, l'un desquels portant un fusil, le déposant, (Couderc) lui lâcha un coup de pistolet ; après quoi, celui qui portait le fusil, l'ayant tiré, une dragée porta au bout du nez du répondant, ce qui l'obligea de tirer un autre coup de pistolet, et ensuite de mettre l'épée à la main pour sa défense, n'ayant pas reconnu les dits deux hommes ; il est vrai qu'il a ouï dire que l'un des dits hommes était Monsieur l'abbé du Chayla, lequel n'était pas armé et a pris beaucoup de soin de faire panser les blessures que le répondant a reçues dans ladite maison.

Et plus bas, dans le même interrogatoire, Couderc atteste la même chose :

« A répondu que Monsieur l'abbé du Chayla a pris beaucoup de peine pour le faire bien soigner. » Arch. int. C. 172.

J'ai vu les prisonniers maltraités, frappés à coups de crosse de fusil, les femmes brutalisées. J'ai lu des milliers d'interrogatoires : Or, de 1685 à 1700, j'ai trouvé quatre nouveaux convertis, cinq au plus, qui se plaignent des mauvais traitements des curés : un à Aulas (près le Vigan), un à Meyrueis ; un dans le Vivarais. Mais, à côté, il y a les consuls, les juges et les officiers !

« Ayant un jour enfermé dans une chambre à Saint-Germain une troupe de jeunes gens pour avoir refusé d'assister à son prône et de venir à confesse, il les traita avec tant de violence, frappant tantôt l'un, tantôt l'autre, qu'il en perdit haleine et que ces innocentes créatures attirèrent par leurs cris leurs malheureux parents, qui, craignant de s'attirer des affaires fâcheuses, n'osèrent enfoncer la porte, et se bornèrent, percés par la plus vive douleur, à des gémissements et à des plaintes.

... « Une fille, pour n'avoir pas observé un jour de fête, fut enfermée par ses ordres dans une espèce d'étui qui tournait sur deux pivots, et qu'on fit mouvoir avec tant de rapidité et si longtemps qu'elle en perdit l'usage des sens.

« Cet abbé voulant apprendre d'un jeune garçon de treize à quatorze ans certaines particularités au sujet d'une assemblée sur laquelle il prenait des informations au Pompidou, il s'enferma avec lui, et, ne pouvant rien arracher, il le dépouilla de la ceinture en haut et d'une main pleine d'osier le fustigea jusques à s'en lasser plusieurs fois. Toute la communauté accourut aux cris de l'enfant ; les catholiques eux-mêmes blâmaient tant de sévérité. »

Court cite encore ce fait — car je ne veux rien cacher, je me sens à l'aise au milieu de ces accusations. — Une veuve de Saint-Julien est accusée de cacher un prédicant ; « mais on manquait de preuves. Que fit l'abbé ? Il eut recours aux deux enfants de cette veuve dont l'aîné n'était âgé que de sept ans. Soit que la chose ne fût pas véritable ou qu'elle se fût passée à l'insu des enfants, l'abbé n'en put rien obtenir. Leur constance à nier la chose ou à dire le contraire de ce qu'il souhaitait l'irrita ; il s'emporta et se livra à des mouvements que je ne saurais qualifier : il fustige le plus jeune et le met tout en sang. Il se saisit ensuite de l'aîné et, après l'avoir longtemps tourmenté, il le mutile et en fait ainsi une victime qui termine bientôt sa vie dans les plus vives douleurs.

« Françoise Brés, surnommée Bichon, du Pont de Montvert, périt dans les supplices aux sollicitations de cet abbé [1]. C'était une pauvre fille, servante de profession...

[1] Court, qui a servi de modèle à Michelet, abuse quand même un peu trop de la naïveté de on lecteur. Je crois de mon devoir de le rectifier tout de suite.

on l'exécuta au Pont de Montvert le mercredi 25 janvier 1702.

« La vérité que je me suis fait une loi de suivre scrupuleusement ne me permet pas de taire que jusqu'ici les protestants avaient souffert ces persécutions avec une patience qui ne s'était point démentie. Ils se laissaient égorger, mener à la boucherie, comme des agneaux : il ne paraissait pas même qu'ils eussent la moindre arme offensive [1] et tous les sermons de leurs prédicants au rapport de leurs ennemis même ne roulaient que sur des promesses d'une délivrance chimérique, sur des portraits affreux de l'Eglise Romaine et sur le péché qu'ils avaient commis en adhérant au culte de cette Eglise ».

Voilà ce qu'ont pensé les contemporains de l'abbé du Chayla. A tous ces témoignages, il en manque un, celui de son ennemi personnel, le maire de Barre.

On peut lire aux archives int. C. 181, le procès de Françoise Brés et de ses complices avec le procès-verbal de son exécution. Ce que j'affirme, c'est qu'il n'y est jamais question de l'abbé du Chayla. Je ne sais de combien d'assemblées faites à cette époque j'ai étudié les dossiers, je n'ai vu que deux fois y figurer l'abbé du Chayla (voir aux pièces justificatives la requête des habitants de Magistarol et le second mémoire de Meynadier). Il est impossible, si vraiment l'archiprêtre avait les grands pouvoirs que lui attribuent les historiens, s'il avait poursuivi les nouveaux convertis avec cette animosité que tous lui reprochent, il est impossible, dis-je, qu'on n'en trouve nulle trace dans les nombreux documents sur cette époque et de 1685 à 1700, parmi les innombrables assemblées faites à cette époque, je n'ai trouvé que deux assemblées surprises par l'abbé du Chayla.

[1] Une bonne fois il faudrait en finir avec cette légende qui nous représente les protestants doux comme des agneaux et se laissant égorger comme des pigeons. Je m'étonne de trouver de telles affirmations sous la plume de Court.

Je ne puis pas dire toutes les assemblées qui se tinrent armées, la liste en serait trop longue. Je puis affirmer que dans les trois quarts des assemblées qui furent tenues de 1685 à 1702, les huguenots avaient des fusils et des épées. Et ils s'en servirent.

Citons-en quelques-unes :

Dans une assemblée tenue du côté de Lassalle, M. de Lamothe, lieutenant, et deux dragons sont blessés par des coups de fusils (Arch. int. C. 166) en février 1686.

A l'assemblée de Roquedur, tenue au commencement d'octobre 1686, le procès-verbal est du 6 octobre, il y a un capitaine tué, un lieutenant et un dragon blessés (Arch. int. C. 165.) J'en passe et des meilleures, comme cette assemblée tenue dans la montagne de Bouges où 150 hommes armés tirèrent sur les troupes du Roi en 1686.

Pour être dans la vérité, il faut ajouter que les troupes du Roi le rendirent aux protestants assemblés.

Mais avant de citer les deux mémoires de Meynadier, demandons-nous quels étaient les pouvoirs de l'abbé du Chayla. La question ne sera pas oiseuse.

Dans les actes de cette époque, — je n'ai retrouvé que deux fois sa signature, écriture fine, angulaire, penchée et nerveuse — il signe toujours : inspecteur des missions ou encore archiprêtre des Cévennes. Ces deux titres seuls accompagnent son nom dans les pièces officielles et ils ne nous apprennent pas grand'chose.

Ses pouvoirs spirituels pouvaient être très étendus, mais ce n'est pas ce qui nous occupe en ce moment. Quels étaient les pouvoirs que Lamoignon lui avait délégués ? C'est en vain que j'ai cherché à résoudre la question d'après les documents que j'ai eus à ma disposition. Je la crois insoluble parce qu'elle ne comporte pas de solution. La question, en effet, ne doit pas se poser ainsi [1].

D'abord, comme le lecteur pourra s'en convaincre lui-même, par le mémoire de Meynadier, l'abbé du Chayla n'a pas le droit de mettre en prison : il faut qu'il obtienne auparavant un ordre de l'intendant ou du comte de Broglie. Les évêques même avaient-ils ce pouvoir ?

L'abbé du Chayla pouvait infliger des amendes et nous allons voir qu'il usa de ce droit. A quoi devait-il ce droit ? Peut-être à sa charge d'inspecteur des missions ou plutôt à l'amitié dont l'honorait l'intendant. L'abbé appartenait à l'une des plus grandes familles du pays ; son intelligence et son dévouement au Roi l'avaient vite fait distinguer par de Baville. Ses œuvres parlaient assez haut pour lui, pour qu'il méritât cette distinction. Il l'eut, les faits le

---

[1] De 1685 à 1700, je n'ai trouvé que deux fois la signature de l'abbé du Chayla : La première fois il fait arrêter Abraham Soyer, et l'interroge lui-même, commençant ainsi l'enquête du jugement.

La seconde fois — cas du prédicant David Couderc — il fait faire le procès-verbal par Lafabregue, qui procède à l'interrogatoire du prévenu, comme on a lu dans une note précédente.

D'où provient cette diversité de conduite ?

Je me suis aussi demandé souvent si les historiens n'auraient pas pris le Pirée pour un homme, dans l'espèce, s'ils n'auraient pas confondu l'abbé du Chayla avec le colonel du Chayla. Cette méprise volontaire ou non expliquerait peut-être la création de la légende autour du nom de l'archiprêtre. Le colonel du Chayla fut, en effet, très zélé, comme tous les colonels de cette époque, et, comme eux aussi, ne fut pas toujours doux.

prouvent. Sa charge était donc surtout spirituelle, son influence morale; et il le devait à son nom et à son caractère qui lui avaient gagné l'amitié de l'intendant. Après sa mort, l'abbé Mingaud qui lui avait succédé dans la cure de Saint-Germain de Calberte, prit aussi le titre d'archiprêtre. J'ai retrouvé sa signature plus souvent que celle de l'abbé du Chayla, et je n'ai vu nulle part qu'il ait joué le même rôle, joui de la même influence et de la même autorité que son prédécesseur.

Avant donc d'accuser l'abbé du Chayla d'avoir été le tyran des populations cévenoles, les historiens devraient nous apporter d'abord les faits et dire au nom de qui il agissait. Il y avait une justice pour l'archiprêtre, comme il y en avait eu une pour Ollivier en 1685 et 1686, et un évêque pour le dénoncer, comme le fut le prieur d'Aumessas. Rien de tel. Enfin, quand on croit que les populations supportèrent sans se plaindre les vexations nombreuses dont elles furent les victimes et dont j'ai retrouvé les échos dans les liasses des archives, on commet une grossière erreur. Nombreuses sont les enquêtes ordonnées par l'intendant sur la plainte des populations contre les commissaires; or, aucune plainte n'existe contre l'abbé du Chayla. Il ne fut donc pas un commissaire envoyé dans les Cévennes par l'Intendant : il eut des pouvoirs assez étendus mais mal définis, qu'il devait surtout à l'amitié de Lamoignon.

Il avait cependant une fonction civile. On sait que l'intendant, prévoyant une révolte dans ces montagnes, y avait fait construire des routes pour permettre aux troupes de se déplacer facilement. L'abbé du Chayla avait été nommé inspecteur de ces chemins, et à ce titre depuis 1693, conformément à une ordonnance de Baville en date du 3 mai 1693, renouvelée le 23 mai 1698, chaque communauté lui votait chaque année une allocation [1]. La paroisse de Barre était imposée de ce chef pour 4 livres. C'est Meynadier qui nous l'apprend, et nous pouvons le croire sur parole. Il est temps de présenter le personnage, et de lui donner le rôle qui lui convient. Par avance, nous

[1] Archives int. C. 183. Délibération du conseil politique de Barre : Voir cette pièce aux pièces justificatives.

pouvons être assurés qu'il ne fera grâce à l'archiprêtre d'aucun abus de pouvoir. Traduit en justice, et interrogé cinq jours après la mort de l'abbé, il porte sur sa tête une terrible accusation : le juge lui demande si ce n'est pas dans sa maison que les assassins se sont réunis le 23 juillet, et s'il n'a pas été l'âme du complot où on décida la mort de ce prêtre. Il avait donc tout intérêt à le noircir et à se faire l'écho de tous ceux qui avaient à formuler quelque plainte contre lui.

Meynadier est un nouveau converti. D'après les pièces qui figurent au dossier, il apparaît brutal, vindicatif, infatué de sa personne, grand partisan des dragonnades. Lui-même, d'ailleurs, se fait son propre accusateur. Le bâton est son aide : il sait s'en servir et s'en fait gloire pour montrer son dévouement au Roi [1].

Le 12 mai 1702, Meynadier « donna dans une assemblée, au lieu de Magistavol, en la paroisse de Cassagnas qui se faisait en plein midi dans une écurie ». Il y entre : et, raconte-t-il dans sa lettre à M. Lacour [2], commandant, en l'absence de M. Poul, la compagnie de fusiliers à Vallerangue, « ayant frappé du bâton sur toute la troupe, j'entendis quelqu'un qui me grondait, et que je ne pouvais pas distinguer, ce membre (appartement) ne prenant son jour que de la porte, ce qui me donna lieu de crier à mon valet de m'apporter un pistolet ; mais je ne l'eus pas plutôt dit que je réfléchis, tout ému que j'étais, qu'on pouvait prévenir le secours et m'enfermer là-dedans [3], de manière que je sortis promptement pour me précautionner de mon pistolet, et en même temps on poussa la porte en se barricadant là-dedans. Cependant je fus après un homme qui en était sorti portant un enfant sur le bras, auquel homme je donnai une bourrade ».

Au reçu de cette lettre, Lacour, avec dix-huit soldats,

---

[1] Voici le jugement porté sur lui quelques années avant la révolte : « Barre est un lieu situé au milieu du pays où une compagnie d'infanterie serait utile. Il y a un certain Meynadier, esprit dangereux et dissimulé, faisant extérieurement bien. » Et à la fin du rapport, parmi les esprits dangereux dans les Cévennes, on lit : « surtout le sr Meynadier ». *Plan en cas de révolte des Cévennes*, arch. int. c. 274. Ce rapport n'est pas de l'abbé du Chayla.

[2] Arch. int. C. 183.

[3] Le soir, en repassant au même endroit, Meynadier apprit que les habitants avaient juré sa perte. Sa précaution n'était donc pas inutile. Arch. int. C. 183.

arrive au rendez-vous que lui a donné le maire de Barre, et tous deux vont opérer à Magistavol.

Ecoutons maintenant la supplique que quelques jours après les habitants de ce hameau adressèrent à Lamoignon. Pierre Meynadier, y lisons-nous, vint à Magistavol le 13 mai, accompagné de Lacour et des soldats. Il fit « piller et ravager toutes les maisons », enfoncer « les portes des maisons tant des anciens catholiques que des nouveaux convertis », emporter des poules, du fromage, du lard ; fit « attacher au cou Jean Pellet, ancien catholique »,avec qui il avait eu plusieurs procès, et le fit « suspendre de telle sorte qu'il en serait mort, n'eut été que les habitants coupèrent la corde », et enfin « fit emmener cinq prisonniers, sous prétexte qu'il s'était tenu une assemblée au dit lieu ».

Dans cette même requête, que l'on pourra lire aux pièces justificatives, les habitants de Magistavol reprochent à Meynadier de n'avoir pas appelé le curé ou les consuls de leur communauté « ou M. l'abbé du Chayla qui n'en est qu'à une lieue et demie » pour constater s'il y avait eu assemblée.

Le 25 mai 1702, quinze témoins déposent devant Jean de Bertrand, sieur de la Bruguière, nommé par Lamoignon pour procéder à une enquête. Tous jurent qu'il n'y a pas eu d'assemblée : parmi les témoins figurent les deux consuls, le curé et le secondaire de Cassagnas. J'ai cité plus haut la déposition de ce curé qui vint défendre ses paroissiens et les arracher peut-être à l'échafaud, certainement aux galères.

Même le témoignage de son valet ne fut pas favorable à Meynadier. Pierre Vieljeuf qui avait tenu la bride du cheval pendant que le maire de Barre pénétrait dans l'écurie, où se tenait la prétendue assemblée, dépose qu'il a vu son maître donner quelques coups de haussines ; mais il n'entendit « ni le chant des psaumes, ni prières, mais seulement quelque bruit comme des gens qui se remuent, et qu'il n'a point ouï dire au dit Meynadier, ni lors de l'action ni depuis, qu'il y ait eu une assemblée ».

Voilà l'accusateur de l'abbé du Chayla, jusqu'à ce jour resté dans l'ombre.

Ses juges n'ignorent pas ses rancunes contre l'inspecteur des missions de Mende ; les eussent-ils ignorées que ses deux mémoires les auraient instruits sur ses sentiments.

Dans son interrogatoire du 29 juillet 1702, le maire de Barre s'en reconnaît l'auteur. Le premier ne comprend pas moins de vingt-huit pages. Vu sa longueur, je ne puis que l'analyser. Il a pour titre : *Etat que donne Pierre Meynadier, jadis maire de Barre, des tristes aventures qu'il a essuyées, afin de pouvoir prévenir dans la suite les nouvelles impostures dont il voit déjà des préludes.*

Ce document ne porte pas de date. Il a été écrit certainement avant mai 1702. Le second que l'on pourra lire en entier aux pièces justificatives, a dû être composé en juin 1702, au plus tard au commencement de juillet. Il n'a pas de titre : c'est presque un plaidoyer pour sa conduite dans l'affaire de Magistavol.

Les démêlés de Meynadier avec l'abbé du Chayla remontent à l'année 1687 [1]. La femme d'un nommé Lacombe, de la paroisse de Saint-Julien d'Arpaon, fut accusée « de malverser avec Adam Malafosse, de la ville de Florac ». Elle fut enfermée au couvent de Marvejols. La pension trimestrielle, payable d'avance, se montait à 21 livres. L'abbé du Chayla fit saisir le troupeau de Malafosse, qui refusait de payer. Celui-ci vint trouver l'abbé à Barre, et, moyennant caution, vit la saisie levée sur promesse que dans trois jours les 21 livres seraient payées. Meynadier servait de caution.

Dans l'intervalle de ces trois jours, la femme fut renvoyée du couvent. Malafosse alla trouver l'abbé du Chayla et le pria de ne pas exiger la pension. L'archiprêtre refusa, et, peu de jours après, demanda l'argent à Meynadier. A son tour, ce dernier refusa de payer. Pour toute punition l'abbé lui dit « qu'il paierait lorsqu'il y penserait le moins ».

L'abbé du Chayla accuse ensuite le maire de Barre auprès de l'évêque de Mende « d'avoir favorisé l'évasion de Guinot Pinarier », un « rapiéceur d'habits », homme illettré, que l'inspecteur des missions voulait faire passer pour

[1] Ici commence l'analyse du premier mémoire de Meynadier. Arch. int. C. 183.

prédicant. Meynadier se défend et finalemenl gagne son
procès devant l'évêque de Mende.

Troisième grief, celui-ci plus grave. Etant allé à
Sainte-Croix, Meynadier, à son retour, fut victime d'une
tentative d'assassinat. « Treize soldats du régiment du
Chayla, de la compagnie du sieur des Fornels, le laissèrent
sur le carreau, croyant de l'avoir tué ».

Pendant qu'il était alité, sa femme alla porter plainte à
l'Intendant qui passait le régiment en revue à Chamborigaud. L'abbé du Chayla « dit à Mgr l'intendant que ce
détachement marchait pour découvrir une assemblée, et
que le dit Meynadier ayant voulu l'interrompre pour
donner moyen à cette assemblée de se retirer, là-dessus
le détachement lui aurait donné quelques coups. »

Le mémoire ne dit pas qu'il y ait eu enquête. Tout à
l'heure nous allons voir Lamoignon en ordonner une pour
une affaire moins grave.

« Intimidé », Meynadier alla demeurer à Nîmes avec sa
famille. Il laissa dans sa maison, pour s'occuper de ses intérêts, Jeanne de Roux, sœur de sa femme.

Elle en fut bientôt chassée par ordre de l'abbé du Chayla
« pour y caserner la compagnie dont le détachement avait
tenté de l'assassiner ; et ce fut avec beaucoup de peine
que cette fille obtint trois jours pour chercher une retraite
ailleurs, et y pouvoir faire transférer quatorze tonneaux
de vin et environ quarante charges de blé, les meubles et
les papiers de la maison, M. le curé du lieu ayant eu la
charité de s'incommoder pour lui serrer dans sa maison
une partie de ses grains [1] ».

Sur ces entrefaites, Jean Meynadier, son frère, demeurant à Villeneuve, paroisse de Vébron, « fut enlevé de sa
maison dans la nuit par des soldats et conduit nu-pieds, la
corde au col dans une prison très obscure » de Vébron, où il
fut « détenu environ deux mois » et conduit ensuite au fort
de Saint-Hippolyte, « sans qu'il lui parut jamais d'aucun
ordre des puissances, et d'où il sortit enfin en vertu d'une

---

[1] J'avoue ne pas comprendre cette plainte dans la bouche d'un maire. Depuis
les dragonnades, chaque village n'avait-il pas sa garnison ? Les casernes man-
quant, les troupes étaient logées par ordre dans les maisons particulières et il
est évident qu'on ne prenait pas une masure. Le propriétaire était indemnisé,
Meynadier devait le savoir.

lettre de M. l'abbé du Chayla, sans qu'il fut porté aucune accusation contre lui, « comme il eut été bien difficile d'en porter de véritables ». Le maire de Barre aurait pu nous dire qui avait fait mettre son frère en prison.

Dans le même temps, l'abbé du Chayla accuse auprès de Baville Pierre Meynadier « d'être pernicieux à la religion, usurier, adonné à tout vice. » Sur l'ordre de l'intendant, de Mandajor, juge d'Alais, se transporte à Barre, fait une enquête, interroge et ne relève aucune preuve contre l'accusé.

Cependant, il y a trois ans et demi que Meynadier est à Nîmes : il espère que l'animosité de l'abbé du Chayla est un peu refroidie ; il pense au retour. Pour bien connaître les sentiments de l'archiprêtre, il écrit à Rouverel, à Sainte-Croix de Valfrancesque. Son ami lui répond qu'il peut rentrer à condition de payer les vingt et une livres, cause de tout le conflit.

Meynadier s'exécute, revient, et vit quelque temps en repos.

L'abbé du Chayla va maintenant poursuivre sa sœur.

Esther Meynadier, femme d'Antoine Malafosse, « étant tombée dans le délire par l'accident d'une fièvre maligne qui l'a rendue insensée, fournit à M. l'abbé du Chayla un prétexte spécieux, à cause que véritablement cette pauvre infirme chantait des psaumes, ce qu'il fit valoir pour la punir avec éclat et augmenter la confusion de toute la famille ».

Nous pourrions demander à Meynadier en quoi les habitants de Magistavol étaient plus coupables que sa sœur. Celle-ci ne fut pas fustigée. Rendons-lui d'ailleurs cette justice qu'il ne se révolte pas contre le fait, mais s'insurge seulement contre le moyen.

« Il semble, continue le mémoire, que la charité n'eut point été blessée, et que la religion n'en eut point souffert non plus, si M. l'abbé du Chayla avait bien voulu obtenir un ordre adressant au mari et aux parents de la conduire à tel lieu que l'ordre eut marqué. »

L'abbé ne confia pas aux parents le soin de mettre Esther en prison. Il obtint une ordonnance « qui n'a jamais paru à la famille », fit prendre cette pauvre « imbécile » par un lieutenant, un sergent et quatre soldats et la fit conduire au fort de Saint-Hippolyte.

La famille Meynadier dut payer les frais de route, vingt-quatre livres.

Baville vit Esther au fort, et ordonna de l'élargir, en présence de l'abbé du Chayla ; mais celui-ci, dit Meynadier, eut recours au comte de Broglie, qui ordonna de l'informer. Ce billet a son importance, je le cite :

« Le comte de Broglie, lieutenant général, etc...

« Il est ordonné au maire de Barre, frère de la nommée Esther [1], prisonnière au fort de Saint-Hippolyte, de la venir chercher et conduire à l'hôpital de Mende. Fait à Montpellier le 16 avril 1695.

« Signé : de BROGLIE. »

Bientôt l'abbé du Chayla écrit à Meynadier de venir retirer sa sœur.

Quelque temps après, elle est de nouveau enfermée. Le maire de Barre reproche deux choses à l'abbé du Chayla : de n'avoir jamais voulu montrer l'ordre de l'intendant, et de l'avoir fait conduire par trois soldats au lieu de deux, comme le portait l'ordonnance ; d'où augmentation des frais.

Bientôt l'abbé du Chayla fut accusé d'avoir accepté des présents des communautés, en particulier de celle de Barre. Pour se justifier, il voulut imposer une délibération au conseil de cette paroisse, et aurait voulu en dicter le projet à M. Castanet, prieur des Balmes : « mais l'intégrité de M. le curé du dit lieu, l'ayant porté à refuser hautement d'y être compris, il ne fallut pas moins que la crainte des affaires du temps pour porter des habitants à la signer, et enfin étant venu au dit Meynadier, maire alors de Barre, il le refusa aussi bien que le dit M. curé pour son même motif ».

L'abbé du Chayla « lui représenta que le fonds de la libération ne le regardait point, lui qui ne délibérait pas de son chef, et qui ne faisait qu'autoriser seulement ce que les habitants voulaient bien signer : la vérité est qu'il se laissa persuader afin d'autoriser la délibération [2] ».

---

[1] Meynadier, dans son mémoire, trouve, peut-être avec raison, que cette façon d'appeler ainsi sa sœur n'est pas assez respectueuse.

[2] Cette délibération se trouve en entier aux pièces justificatives.

Non seulement l'abbé du Chayla tranchait du spirituel, mais aussi du temporel. Meynadier cite le fait suivant.

Des gens dérobèrent un sac de poires au marché de Barre, appartenant au sieur de Plagniol, venu de deux lieues pour les vendre. Il porta plainte devant Meynadier, comme officier du lieu où avait été commis le délit, et obtint un décret contre les coupables.

De son autorité et sans ouïr le demandeur, l'abbé du Chayla lui imposa silence, et trancha lui-même l'affaire des poires. Il l'annonça en ces termes à Meynadier :

« Comme j'ai réglé l'affaire des poires du sieur de Plagniol à deux écus neufs, ainsi je vous prie de vous contenter d'un des dits écus, et l'autre restera, s'il vous plaît, au dit de Plagniol. Je vous demande que cette affaire finisse par là sans aucune suite : Faites-moi l'amitié de me croire, etc...

« Du CHAYLA, prêtre ind. (*indigne*)
à Florac, ce 3 septembre 1695. »

Enfin voici le dernier fait allégué par Meynadier contre l'inspecteur des missions.

Pierre Sabatier était mort dans la religion protestante. L'abbé du Chayla accusa les parents de l'avoir fait enterrer à une heure indue ; de plus, treize personnes auraient assisté à son enterrement, ce qui était contraire aux ordonnances.

L'archiprêtre des Cévennes fit arrêter Pierre Claret, l'un des assistants, et ordonna à Meynadier de l'emprisonner, « disant qu'il avait des preuves pour cela ».

Le maire de Barre ne refuse pas de jeter l'accusé dans une prison, mais il représente à l'abbé du Chayla qu'il est notoire qu'il y avait seulement six assistants aux obsèques, et que le meilleur moyen de s'en assurer serait de les arrêter tous et de les interroger séparément.

L'abbé du Chayla est inflexible. Sur la demande de Meynadier il lui remet un billet, prenant sur lui la responsabilité de l'acte, et le maire de Barre « ne laissa pas, tout édifié qu'il était de l'innocence de Claret, de le faire néanmoins emprisonner par déférence ». Quelques jours après, Leblanc vint faire une enquête, et l'abbé ne put fournir aucune preuve sérieuse.

Au mois de juillet 1699, de Lamoignon ordonna que la nièce du maire de Barre serait conduite dans un couvent. Or, c'était la nièce de sa femme, fille de Jean Combet. Meynadier refuse évidemment d'exécuter cet ordre et l'abbé du Chayla dut le porter au père de la jeune fille.

Voilà le résumé des griefs de Meynadier contre l'abbé du Chayla. Ce premier mémoire était très long, je l'ai analysé assez longuement.

La première fois que ces pages me tombèrent entre les mains, j'éprouvai, je l'avoue, un certain contentement. Je m'attendais à y voir reproduites la plupart des accusations portées par les historiens contre ce prêtre. Je fus déçu : mes lecteurs le seront peut-être avec moi. N'oublions pas, en effet, que pendant ces longues pages j'ai laissé la parole à son ennemi, et c'est là tout ce qu'il peut lui reprocher. Quelques-unes de ces accusations sont vraiment puériles ; la rancune seule a pu les dicter et les exagérer ; d'autres montrent que l'abbé du Chayla était partisan de la contrainte formulée par Fléchier. Ceci est hors de doute, et en écrivant cette étude, je ne me suis pas constitué l'avocat de l'archiprêtre. Il pensait comme beaucoup que l'homme ne sort de l'ignorance que par la contrainte, soit volontaire, soit forcée. Comme l'évêque de Nîmes, il pensait qu'il fallait employer la contrainte forcée. Mon rôle n'est pas de juger, mais d'exposer les documents afin que chacun puisse se former le jugement.

Or, à la fin de l'état de la paroisse du Collet de Dèze, signé par l'abbé du Chayla, le 21 septembre 1687, on peut lire [1] :

« Cette communauté est composée la plus grande partie de paysans qui suivront l'exemple que les principaux leur donneront : il y en a quelques-uns de notés qu'il faut châtier, moyennant quoi il y a apparence que les autres feront bien ».

Dans ce mémoire de Meynadier il y a des contradictions, bien des points qu'on pourrait lui discuter. Peu nous importe : chacun pourra le faire. Ce qu'il y a de remarquable, et ce que je crois être en droit de faire ressortir, c'est que la conduite morale de l'archiprêtre des Cé-

---

[1] Arch. int. C. 280.

vennes fut à l'abri de tout soupçon, et que le maire de Barre pour sa défense, en vue de ternir son ennemi, n'y fait jamais aucune allusion. Il y a plus : dans ses mémoires il proteste de son respect pour le caractère de ce prêtre.

Les deux mémoires se complètent et pour bien saisir les accusations de Meynadier il faut les mettre à côté l'un de l'autre. On comprend alors la portée et même le but des accusations du maire de Barre. J'ai dit qu'il fut l'auteur de la guerre des Cévennes : il ne doutait pas, je crois, qu'il ferait poser les armes à Laporte et à ses compagnons aussi facilement qu'il les leur avait mises aux mains.

Il prévoit la guerre civile. D'autres avant lui l'avaient prévue, et avaient pris leurs dispositions pour agir en cas de besoin. C'est pour cela surtout que de Baville avait fait construire toutes ces routes qui sillonnaient les Cévennes, et dont l'abbé du Chayla était inspecteur. La révolte était donc prévue, mais personne ne prévoyait que la cause en serait la conduite de l'inspecteur.

Or, c'est là le grand reproche que le maire de Barre adresse à l'abbé du Chayla. La révolte va éclater. Quel en sera l'auteur ? L'archiprêtre. Par sa sévérité ? Pas du tout, par sa douceur. On ne me croirait pas. Il faut que je cite quelques passages du second mémoire.

« Le fanatisme dans le diocèse de Mende a commencé dans la paroisse de Moissac [1]. Le fils Rafinesque du Cam-

---

[1] L'existence du fanatisme — j'emploie toujours ce mot dans le sens des archives, comme synonyme de prophétisme — remonte plus haut que ne le dit Meynadier même Labaume. Ce dernier nous parle d'une école de prophétie en Dauphiné. Sans contester son existence, je n'en ai trouvé nulle trace aux archives, même dans l'interrogatoire de la fameuse Isabeau. Comme je le démontrerai dans mon étude sur les prophètes camisards, le prophétisme *devait* naître au milieu de ce peuple pressuré, comprimé, mordu par le remords, et gardant une haine tenace contre le catholicisme. Voilà les trois causes du prophétisme. Déjà, en 1686, on le voit poindre dans l'interrogatoire de Jeanne Rouveiranne de Saint-Germain de Culberti, arrêtée à l'assemblée du Clauzellet : le juge lui demande : à quel moment elle a été arrêtée.

« A répondu qu'elle allait à une assemblée où la *volonté de Dieu la conduisait.*

« Interrogée de quelle religion elle fait profession et combien il y a de dieux.

« A répondu qu'elle est présentement, à ce qu'elle croit, catholique, et qu'il y a deux dieux, dont le premier est Dieu le Père et le second est le *Saint-Esprit.* » Et plus bas :

« Si elle y alla (à l'assemblée) ce ne fut que par *l'inspiration de Dieu* qui lui suggéra qu'il se faisait une assemblée et l'endroit où elle se faisait.

bon fut le premier atteint de ce vice, lequel fut conduit
par son père à Saint-Germain chez M. l'abbé du Chayla qui
se contenta de le garder deux ou trois jours, lui donnant
la liberté d'aller dans tout le village. »

« Ce ménagement fit que le mal se multiplia soudain ».

Les consuls de Sainte-Croix faisant leur devoir amenèrent les fanatiques à M. l'abbé, parmi lesquels il y
avait un nommé Deshonas, jeune garçon du lieu des
Mases qui faisait le prédicant ; « mais il fut renvoyé chez
lui à la garde de son père où le jeune homme ne manqua
pas d'infecter le plus grand nombre de ses voisins de telle
sorte qu'on se rassemblait tous les jours dans le dit lieu
des Mases ».

Meynadier aurait voulu sans doute que l'abbé du Chayla
agit comme, à cette époque (1701-1702), les officiers et les
juges agissaient partout dans les Cévennes : envoyer à la
prison d'abord, à la potence ensuite tous ces pauvres fanatiques, telle cette Françoise Brés pendue à Pont-de-
Montvert six mois presque jour par jour avant l'assassinat de l'abbé du Chayla.

Cependant il n'était pas toujours trop faible. Quand le
cas était un peu grave, il suivait le conseil de Fléchier,
il allait jusqu'à l'amende. Une fois même il fouetta de sa
main à plusieurs reprises le nommé Deshonas (peut-être
le même dont j'ai parlé plus haut) « avec un fouet d'osier
ou amarrines, et, sans doute, ajoute Meynadier dans son

Arch. int. C. 164.

Le 16 août 1686, le prédicant Rocher est interrogé : il sait écrire mais n'a
pas fait d'études.

« Interrogé qui sont ceux qui lui ont mis en mains les dits discours et prières,
attendu qu'ils sont d'un style trop relevé pour être faits et composés par une
personne qui n'a point étudié.

« A répondu que c'est lui qui les a faits et composés par l'esprit de Dieu.

Et le 19 août, « interrogé pourquoi il composait » ces sermons : « a dit que
Dieu lui inspirait cela.

« Lui avons remontré que ces sermons ne peuvent être l'ouvrage d'un cardeur
et qu'ils lui ont été fournis par quelqu'un qu'il ne veut pas nommer.

« A dit qu'il les avait composés.

« A lui remontré qu'il ne peut pas avoir fait ces sermons en aussi grand
nombre et aussi étendus, qu'ils sont avec si peu de ratures, et que c'est la preuve
qu'il les a seulement copiés.

« A dit qu'il les écrivait sans rature par inspiration de Dieu ».

Arch. int. C. 165.

mémoire, on trouva que cela avait tenu lieu de peine à quelque chose près [1] ».

L'affaire de l'assemblée de Magistavol acheva d'irriter Meynadier contre l'abbé du Chayla. Ce dernier, comme le commissaire délégué à cette enquête, crut au témoignage du curé, du secondaire, des deux consuls et des dix ou douze personnes qui déposèrent.

« Les fanatiques, dit Meynadier, se voyant ainsi protégés, comme ils s'en vantent, en sont si enhardis, qu'il est constamment vrai qu'il n'est pas de jour qu'il ne se fasse des assemblées dans ce canton-là.

« Après cela où trouvera-t-on des sujets qui agissent, puisqu'on les blâme par les endroits qui ont le plus de mérite [2] ».

L'impression que j'ai eue en lisant, puis en copiant ces deux mémoires de Meynadier, est que l'abbé du Chayla fut non pas un tortionnaire, mais un homme de rapine et de concussion. On a vu que plus haut Labaume se fait l'écho de cette accusation des nouveaux catholiques envers l'archiprêtre des Cévennes. Cette impression sera partagée, je crois, par tout homme qui lira sans parti pris le second mémoire. Ce grief ressort tellement des écrits de Meynadier que le juge ne put s'empêcher, le 29 juillet 1702, de l'interroger sur « ce qu'il entend dire par ces mots : plusieurs personnes se ravisèrent et ayant réfléchi sur la conduite que M. l'abbé avait tenue depuis le commencement du fanatisme, n'eurent pas peine de se confirmer que c'était un jeu dont elles étaient les dupes ». Et Meynadier répond : j'ai entendu dire « que les communautés souffraient et qu'elles étaient exposées à des logements par l'impunité du fanatisme ». Il n'a donc pas voulu accuser l'abbé du Chayla de « vol » et de « concussion » ? Nullement, réplique Meynadier [3].

Que reste-t-il donc des accusations portées contre l'abbé du Chayla par les historiens modernes ?

Nous rangerons d'abord dans le domaine de la légende indigne de figurer dans un ouvrage sérieux, tout ce que ces historiens ont dit sur les mœurs infâmes de l'archi-

[1] Arch. int. C. 183.
[2] Arch. int. C. 183.
[3] Arch. int. C. 183.

prêtre des Cévennes. Son plus grand ennemi avoue être plein de respect pour le caractère de ce prêtre, et il est impossible, que cet homme si zélé pour la Religion, et qui se trouve sous le coup d'une grave accusation, n'en eut pas laissé échapper quelque chose s'il en avait eu le moindre soupçon, pour ternir la mémoire de son ennemi.

Quel jugement porter sur l'archiprêtre ? Les historiens modernes l'accusent d'avoir fait peser un joug odieux sur les nouveaux convertis, de les avoir condamnés à l'amende ou à la prison suivant son bon plaisir. Meynadier qui le jugeait avec les idées de son temps, par conséquent un peu mieux que nous, l'accuse au contraire de manquer d'énergie, et voit en l'abbé du Chayla la véritable cause de la révolte par son manque de sévérité et d'énergie à réprimer le fanatisme.

Il nous semble que Meynadier a plus de poids en cette affaire que Michelet et ses disciples. Mais alors ce serait l'éloge de ce pauvre calomnié que la génération du xxe siècle lirait dans ces vieux papiers, un précurseur de nos idées de douceur et de tolérance ?

Je crois avoir le droit d'apporter ici mon témoignage. Autant que qui que ce soit, je repousse les actes de violence qui furent commis à cette époque — et ils sont bien nombreux. — J'ai étudié de nombreuses liasses, je les ai lues, feuille par feuille, analysées, souvent copiées. Là j'ai entendu les plaintes des parents des victimes, les révoltes des prisonniers réclamant devant leurs juges leur droit de prier selon leur conscience ; j'ai vu les villages pillés et incendiés, le plus souvent rançonnés : j'ai entendu ce grand cri de douleur que les années se transmettent et qui se répercutent à travers les échos des Cévennes ; et bien souvent je me suis fait violence pour aller jusqu'au bout d'un rapport : ce que je puis affirmer, et je ne crois pas qu'on me démente, c'est que le clergé en général ne joua pas le rôle qu'on lui attribue. En 1685 aussi bien qu'en 1700 il se montra doux, conciliant, pacifique, cherchant à convertir les protestants c'est vrai, mais à les convertir par la persuasion et l'instruction, se faisant le défenseur de ces égarés, et comprenant que sa mission était non de servir de bourreau mais de père. Jamais les nouveaux convertis n'ont appelé en vain leur témoignage

devant leurs juges et je comprends très bien le jugement
de Meynadier sur l'abbé du Chayla en 1702, quand je vois
deux curés, quelques mois après l'édit de Révocation, défendre leurs paroissiens contre un certain Ollivier, avocat
de Meyrueis, qui s'était donné pour mission d'aller convertir les opiniâtres et se vantait d'en avoir ramené 10.000
en quelques mois, les archives nous disent comment.

L'abbé du Chayla fut de son siècle, est-ce un crime ? In-
vesti de grands pouvoirs que nous ne pouvons bien définir, honoré de la confiance et même de l'amitié de
Baville, il se fit son zélé serviteur. Comme Fléchier et les
évêques de Languedoc, obligés de subir une législation
qu'ils n'avaient pas demandée, puisque Louis XIV ne les
avait pas consultés, l'archiprêtre était partisan d'un peu
de contrainte pour amener ces rudes montagnards à la
vérité ; mais il ne se porta jamais jusqu'aux excès dont se
souillèrent quelques laïques : sa douceur fut blâmée par
son plus grand ennemi, qui ne peut nous fournir qu'un
cas où l'abbé se soit servi du bâton. Un cas, c'est beaucoup
pour nous, c'était bien peu pour cette époque ; et les
nouveaux convertis, ou plutôt les mal convertis auraient
souvent préféré les coups de bâton de l'abbé du Chayla
aux coups de fusil ou de sabre dont on les gratifiait lar-
gement.

Quand nous jugeons un homme, ne le jugeons pas
seulement d'après ses actes qui se ressentent toujours nécessairement de l'influence du milieu. Jugeons-le d'après
le jugement porté sur lui par ses contemporains.

Or, les nouveaux convertis ne redoutaient pas l'abbé
du Chayla comme on le dit, témoin les habitants de Magistavol ; il ne fut pas assez sévère, tel est le jugement de
Meynadier, qui aurait employé peut-être moins d'amendes
et plus de prison et de potences.

CHAPITRE IV

LE DRAME DU 24 JUILLET 1702

Beaucoup d'historiens qui ont écrit sur l'abbé du Chayla et les Camisards, le font assassiner le 22 juillet 1702. C'est une première erreur.

Quelques-uns donnent pour chef aux assassins Abraham Mazel, un prophète [1]. C'est une autre erreur. Mazel était présent à l'assassinat de l'abbé du Chayla, mais n'y joua qu'un rôle secondaire. Le vrai chef fut Gédéon Laporte, oncle de Pierre Laporte, que tout le monde connaît sous le nom de Roland.

Fixons bien d'abord la date. L'abbé du Chayla fut tué dans la nuit du 24 au 25 juillet 1702 et non dans la nuit du 22 au 23. Il me semble que ce point est hors de doute.

Voici d'abord le témoignage de Gardès qui dépose le 27 juillet 1702. Il est un des témoins du drame et ne quitte Pont-de-Montvert avec Leblanc, commissaire de l'Intendant, que quand il voit la maison de l'abbé en flammes. Il dit que l'assassinat eut lieu le 24 juillet [2].

Jacques Bonnet, sieur de Lascombes, habitant Pont-de-

[1] Abraham Mazel est, je crois, le seul compagnon de Laporte qui ait vu toute la guerre des Camisards et ait dépisté les régiments de Louis XIV pendant plus de huit ans. Il fut tué en septembre 1710 : un jugement du 18 septembre 1710 condamne sa mémoire ainsi que celle de Coste, ministre d'Uzès. Sa tête fut exposée pendant trois jours à un poteau puis brûlée (Arch. int. C. 192).

[2] Arch. int. C. 183.

Montvert, ne s'est pas absenté de toute la nuit. Il nous renseignera sur toutes les circonstances du drame. La déposition est du 21 août 1702. Pour lui encore, pas de doute : c'est bien dans la nuit du 24 juillet que, de sa maison, il entendit les premiers coups de fusil, et qu'il sortit dans un pré où il parla quelque temps avec Leblanc et Gardès [1].

Voici Meynadier. Le 29 juillet 1702, il comparaît devant le juge qui lui demande si le complot contre l'abbé du Chayla « n'a pas été fait le jour de la foire de Barre qui s'est tenue le 22ᵉ de ce mois [2] ».

On pourra, il est vrai, m'objecter Paul Viala [3] qui, dans son rapport [4] daté du 26 novembre 1702, dit que l'abbé du Chayla fut tué le 23 juillet 1702. Mais à cette assertion je puis encore opposer deux témoignages. Noé Dardalhon, chirurgien de Pont-de-Montvert, ami de l'abbé, et qui eut sa maison pillée ce jour-là, fixe au 24 juillet l'assassinat et demande des dommages-intérêts pour les dégâts à lui causés [5]. Enfin je n'apporterai qu'un autre document. André Plantier, qui a dû fuir à Alais le 27 juillet 1702, fixe lui aussi, dans sa requête du 12 août 1703, l'assassinat de l'archiprêtre au 24 juillet [6].

C'est donc bien au 24 et non au 22 qu'il faut fixer la mort de l'abbé du Chayla. C'est le 22 que se tient la foire de Barre, où Meynadier va trouver les hommes qu'il lui faut pour accomplir ses desseins.

Quelles furent les relations entre Meynadier et l'abbé du Chayla depuis l'assemblée de Magistavol jusqu'au 24 juillet ?

Malheureusement ici il y a une lacune et je ne sais si on pourra jamais la combler. Nous n'avons en effet que deux questions posées par le juge à Meynadier pour nous faire soupçonner la haine du maire de Barre et la sur-

[1] Arch. int. C. 183.
[2] Arch. int. C. 183.
[3] Paul Viala était commissaire délégué par l'Intendant pour dresser les procès-verbaux des dégâts commis par les attroupés. Il fut délégué en novembre 1702. Il fut une des dernières victimes de Roland en 1704.
[4] Arch. int. C. 257.
[5] Arch. int. C. 266.
[6] Arch. int. C. 262.

veillance qu'il exerçait ou faisait exercer autour de l'archiprêtre des Cévennes.

Il est certain qu'une lettre de l'abbé du Chayla datée du 1er juillet et adressée à M. de Barre tomba entre les mains de Meynadier [1]. Le juge présenta un paquet à l'accusé, dans lequel était une autre lettre de l'abbé [2]. De plus en plus ici nous entrons dans le mystère et cette conduite du maire de Barre nous fait regretter plus vivement encore la perte de certaines pièces du procès.

Ce n'est pas sans quelque motif que Meynadier se transforme en espion, et intercepte les lettres de son ennemi. Sans doute nous en ignorons le contenu, mais si nous suivons bien la suite des événements depuis le jour où Lamoignon écrivait à Meynadier au sujet d'Esprit Séguier, jusqu'au jour où ce même intendant fut obligé, sur la requête des habitants de Magistavol, d'ordonner une enquête sur les faits et gestes du maire de Barre, il est facile de comprendre que l'influence de ce dernier n'allait pas grandissant. La lutte entre l'abbé du Chayla et Meynadier devenait plus âpre que jamais : il fallait que l'un d'eux disparaisse de la scène. Il n'y avait qu'un moyen : la mort de l'archiprêtre. Le maire de Barre, nouveau converti, se jeta dans les bras de ses anciens coreligionnaires et fit appel aux fanatiques.

Il n'ignorait pas que, dans plusieurs assemblées, les prophètes avaient poussé des cris de mort contre les catholiques ; que quelques exaltés n'avaient besoin que d'un mot d'ordre pour passer à l'exécution de leurs projets. Dès lors il trouvait double avantage à la mort de l'archiprêtre : il se débarrassait de celui dont l'influence le gênait ; et montrait ensuite que ses prévisions étaient justes et que les fanatiques n'attendaient qu'une occasion pour agir.

Transportons-nous à cette foire de Barre tenue le 22 juillet. Au milieu des groupes qui semblent s'occuper des affaires, les nouvelles se transmettent et se répandent. On se raconte les dernières assemblées qui ont eu lieu partout, depuis la Vaunage jusqu'au Vivarais : on se donne

[1] Arch. int. C. 183.
[2] Arch. int. C. 183. Voir aux pièces justificatives.

rendez-vous pour une assemblée prochaine. On y exalte les dernières victimes, et on s'encourage à continuer à rester fermes dans la foi. Reconnaissons-en quelques-uns des principaux. Voici d'abord Gédéon Laporte, un prédicant, forgeron de son métier ou bien marchand de cochons ; à ses côtés il y a Pierre Séguier, surnommé Esprit, le plus fameux fanatique au dire de Meynadier et qui sera bientôt pendu ; puis, Pierre Nouvel, Moïse Bonnet, David Pascal, Jean Pelatan, Jean Laval. Voici Abraham Mazel, le fameux prophète qui devait survivre à tous les chefs et assister aux principales scènes de carnage de la guerre des camisards ; à ses côtés, Salomon Couderc qui devait remplacer Esprit Séguier près de Laporte, en qualité de prophète, et ne devait mourir qu'en 1706. N'oublions pas aussi quelques femmes qui furent de la partie : Jeanne Rouvière, Suzanne Megesse, etc.

Puis, le soir, tous réunis dans la maison de Meynadier, ils prennent les dernières dispositions, et se séparent en se donnant rendez-vous pour le 24 juillet au soir.

Pendant que ses ennemis trament sa perte, l'abbé du Chayla continue sa mission à Pont-de-Montvert. Le village a bien mauvaise réputation. Il y a six mois, la justice y a fait exécuter Françoise Brés, et les assemblées s'y tiennent nombreuses et fréquentes. Il n'y a ni église ni maison claustrale. La maison où habite l'abbé du Chayla appartient à la famille d'André de Montfort qui, par ordre de l'Intendant, a dû mettre sa demeure à la disposition des habitants du Pont-de-Montvert « pour y loger les missionnaires et pour y faire le service divin [1] ». La famille d'André n'y habite plus depuis une quinzaine d'années.

Un appartement d'en bas sert de chapelle et l'abbé du Chayla habite une chambre au-dessus.

Depuis le 1er juillet il y est revenu pour évangéliser Pont-de-Montvert et les lieux circonvoisins. Avec lui il y a deux capucins : les Pères Ignace et Claude, et trois prêtres dont l'un est l'abbé Barthélemy [2].

Pendant le cours de cette mission, le nommé Pierre

---

[1] Arch. int. C. 262 : supplique d'André de Montfort.

[2] Arch. int. C. 183. Dépositions de Gardès et de Bonnet. C. 257. Procès-verbal de Viala.

Massip, se disant natif de Durfort, diocèse d'Alais, forte-
ment soupçonné de servir de guide aux fugitifs est arrêté à
Pont-de-Montvert avec quelques autres nouveaux convertis. C'est Leblanc qui est chargé de faire leur procès et
non l'abbé du Chayla, comme on l'a dit. Il avait comme
greffier Salomon Gardès [1]. Les prisonniers furent mis
dans la maison d'André, qui, quoique située dans le lieu
de Pont-de-Montvert, se trouvait pourtant dans la paroisse
de Fraissinet de Lozère [2].

Il y avait là un beau coup de filet. Jamais, je crois,
pareille occasion ne se présenta dans le cours de cette
triste guerre des Camisards. Trois prêtres, deux Capucins,
l'archiprêtre des Cévennes étaient là dans cette maison,
ne soupçonnant même pas le complot. Je m'étonne que
les attroupés les aient laissés tous fuir, pour s'attaquer au
seul abbé du Chayla. Leur haine ne vise pas tout le clergé
mais seulement l'ennemi de Meynadier.

Le soir du 24 juillet, le village de Pont-de-Montvert
s'endort dans la tranquillité. Leblanc, commissaire délégué par l'intendant pour juger Massip et les autres
prisonniers, cause avec son greffier Gardès. Personne ne
se doute que, dans quelques instants, le village sera le
théâtre du premier de ces drames qui, pendant deux années,
vont ensanglanter les Cévennes, et que leur petit pillage
va acquérir dans l'histoire une triste célébrité.

L'abbé du Chayla est dans sa chambre et se couche.

Soudain, vers les dix heures de la nuit — il fait bien
sombre — une grande quantité de gens armés débouchent
du côté des Bouges ou de Saint-Maurice, fidèles au rendez-
vous.

Allons! courage, mes frères, tue! tue! crient-ils.
Ils tirent plusieurs coups de fusil; ce ne sont pas les
premiers. Il y a longtemps qu'on en tire dans les Cévennes. Ces attroupés passent le pont qui est proche de
la maison où habite l'archiprêtre, entourant la maison et
frappant à la porte à coups redoublés.

En entendant les coups de fusil, pris à l'improviste,
Leblanc et Gardès, puis Bonnet, sieur de Lascombes,
sortent par une ruelle et vont vers l'endroit d'où est parti

[1] Arch. int. C. 183. Déposition de Gardès.
[2] Procès-verbal de Viala, int. C. 257.

Abbé du Chayla   3

le bruit. Tout en parlant et s'interrogeant, ils arrivent dans un pré appartenant à Bonnet, face à la maison d'André.

C'est là qu'ils vont assister, impuissants, au drame dont ils seront en partie témoins oculaires.

Les attroupés heurtent violemment toujours la porte, réclamant les prisonniers; elle finit par céder.

Dans Pont-de-Montvert n'y a-t-il pas une garde bourgeoise, comme dans tous les villages des Cévennes? oui, il y en a une, commandée par Escalier, lieutenant de bourgeoisie. Comment se fait-il qu'elle ne vienne pas au secours de l'abbé? Le lieutenant a certainement entendu les coups de fusil. Est-il complice? Est-ce lâcheté? Leblanc demande à Bonnet si on ne pourrait pas aller avertir Escalier pour tirer sur ces malheureux et sauver l'archi-prêtre. Bonnet envoie Antoine Devèze. Au bout d'un instant celui-ci revient. Les passages sont gardés, il n'a pu arriver jusqu'au lieutenant.

Cependant les attroupés continuent leur œuvre sous le regard du commissaire de l'intendant. Ils pénètrent dans la maison et délivrent les prisonniers. Gardès voit mettre le feu au cabinet qui était à plain pied de la chapelle; puis ce fut le tour de l'autel, placé au-dessous de la chambre à coucher de l'archiprêtre. Leblanc et son greffier comprirent alors que l'abbé du Chayla était perdu, et, se voyant dans l'impossibilité de lui porter secours, la garde bourgeoise n'arrivant pas, ils ne rentrèrent pas dans Pont-de-Montvert, mais prirent le chemin de la montagne, du côté de Frugères. En même temps, Bonnet, sieur de Lascombes, rentre par le même chemin détourné par où il était venu, dans sa maison, avec Roux l'apothi-caire, Faucher et sa fille, abandonnant l'abbé du Chayla à son sort.

Il était temps. A peine était-il rentré que des gens armés se répandaient dans le village, criant aux habitants de fermer les fenêtres, et menaçant de tuer tous ceux qui n'obéiraient pas. Joignant l'acte à la menace, ils tirèrent plus de 400 coups de fusil dans les rues.

Pendant ce temps, que se passait-il dans la maison de l'abbé du Chayla? Nous n'avons plus ici pour nous ren-seigner des témoins oculaires, il est vrai, mais la suite du témoignage de Bonnet et de Gardès est pour nous du plus haut intérêt.

Quand les assassins eurent pénétré dans la maison, ils se firent donner les prisonniers. L'abbé du Chayla était couché, comme je l'ai dit. Voyant que le plancher de sa chambre prenait feu, il sauta par une fenêtre ; les assassins lui tirèrent plusieurs coups de fusil. Dans sa fuite, il fut blessé.

Les attroupés le traînèrent alors sur le pont, et, si nous en croyons le témoignage de Gardès [1], ils lui offrirent la vie s'il voulait abjurer. Sur son refus d'apostasie, ses assassins le criblèrent de coups de baïonnettes et laissèrent sur le pont le cadavre en chemise.

Ils restèrent dans Pont-de-Montvert jusqu'à une heure du matin, fanatisant sur la place publique et en divers endroits et chantant des psaumes ; puis ils se séparèrent en deux bandes et nous allons bientôt les suivre.

Le lendemain, à la pointe du jour, plusieurs habitants de Pont-de-Monvert se rendirent sur le pont, et trouvèrent l'abbé du Chayla, étendu par terre, en chemise, et couvert de sang.

Les deux Pères Capucins y étaient déjà : ils demandèrent où était Leblanc. Bonnet leur répondit que, la nuit, il lui avait vu prendre avec Gardès le chemin de Frugères. Le Père Ignace dit qu'il fallait aller le chercher et Bonnet envoya vers lui son valet à cheval.

Le cadavre de l'abbé du Chayla fut emporté dans la

[1] L'Abbé Couderc dans son livre : *Victimes des Camisards*, tient beaucoup à ce témoignage de Gardès. C'est, d'ailleurs, le seul passage qu'il cite de sa déposition. Je ne conteste pas la valeur de Gardès, ni non plus la vraisemblance de son assertion. Je crois cependant qu'il faut agir prudemment en cette circonstance : le silence de Bonnet sur ce point est significatif. Gardès, en effet, a quitté Pont-de-Montvert avant que l'abbé du Chayla saute par la fenêtre. Ici il rapporte ce qu'il a entendu dire. Mais par qui ? Je sais bien que Vierne, comme je l'ai dit plus haut, assure qu'une douzaine de personnes de Pont-de-Montvert assistèrent à l'assassinat et furent acteurs ; mais comment Gardès n'a-t-il pas fait arrêter de suite ces mêmes personnes ; comment n'en a-t-il pas informé de suite Leblanc ? Après le témoignage de Bonnet, il ne peut y avoir de doute : quiconque était complice du crime et, par conséquent, ceux qui ont renseigné si bien le greffier Gardès devaient être arrêtés. Il est à remarquer enfin que dans la déposition de Gardès, faite d'après les on-dit, il y a une erreur bien grave : il fait tuer une personne dont le nom ne figure dans aucun document ni dans aucun auteur.

boutique du nommé Pons et placé sur le comptoir. C'est
là que le trouvèrent Leblanc et Gardès [1].

Tel est le récit des témoins, et c'est ainsi que l'abbé du
Chayla périt. C'était sans doute une victime de marque ;
mais les contemporains n'attachèrent pas à cet assassinat
beaucoup d'importance politique. C'était une vengeance,
« une désagréable aventure », suivant l'expression de
de Broglie dans sa lettre au ministre de la guerre du
28 juillet, et il serait bien étonné, je crois, ainsi que Lamoignon, de voir l'importance qu'y attachent certains
historiens. Ce n'était pas le premier assassinat, ni même
le premier prêtre qui tombait sous les coups des nouveaux
convertis depuis l'édit de Révocation, et plus de trois
mois devaient s'écouler avant que les bandes camisardes
fussent suffisamment organisées pour tenir campagne et
oser s'attaquer aux troupes du Roi.

Cette façon un peu sommaire d'apprécier ce triste
événement, où nous voulons voir le commencement de la
révolte, s'explique maintenant que le lecteur connaît Meynadier et sa haine envers l'archiprêtre.

Avec l'abbé du Chayla furent blessés son valet, Michel,
et Roux, le maître d'école, qui moururent bientôt après.
Gardès dans sa déposition dit que le locataire de la
maison d'André fut aussi tué d'un coup de fusil [2].

J'ai cherché vainement à contrôler cette dernière assertion. Dans les nombreux documents que j'ai eus à ma
disposition, je n'ai trouvé aucune confirmation. Je crois
que Gardès se trompe.

Sur ce point, en effet, le procès-verbal de Paul Viala
doit faire foi. Chargé d'une enquête sur les dégâts causés
par les bandes des attroupés, il est impossible qu'il n'eût
pas fait mention de cet assassinat et que les héritiers de la
victime n'eussent pas demandé une indemnité que le commissaire lui aurait sûrement accordée et qui devrait dès
lors figurer sur le procès-verbal.

Or, rien de tel. Le 26 novembre 1702, Paul Viala est
sur les lieux avec ses experts [3] et fait procéder à l'estima-

---

[1] Pendant tout ce récit je n'ai pas donné de références. On trouvera aux pièces
justificatives les dépositions des témoins.

[2] Arch. int. C. 183.

[3] Archives. int. C. 257.

tion des dégâts que causèrent les assassins de l'abbé du Chayla pendant cette nuit.

Les dommages que subit la maison où habitait l'archiprêtre furent estimés 1.180 livres et les meubles 87 livres. Les effets de l'abbé du Chayla, y compris le calice et les autres ornements de sa chapelle, qui furent dérobés par les assassins se montèrent à 220 livres [1].

Aux héritiers de Roux, le régent des écoles de Pont-de-Montvert, on accorda une indemnité de 400 livres; 300 seulement aux héritiers de Michel, le domestique de l'archiprêtre.

Des cinq prêtres, qui étaient avec l'abbé du Chayla dans la maison d'André et qui se sauvèrent, deux seulement eurent droit à une indemnité. Le Père Claude, capucin, y ayant perdu son manteau et son bréviaire, reçut 25 livres, et Barthélemy, prêtre, 200 livres pour ses effets [2].

Dans cette même nuit, les assassins se portèrent à la maison de Noé Dardaillon, chirurgien. On pourra lire aux pièces justificatives, dans la déposition de Bonnet, le récit des actes de ces assassins. J'ai retrouvé aussi la supplique qu'il adressa à l'intendant, et le montant de l'estimation du dégât qui lui fut causé. Tandis que Paul Viala ne lui accorde que 80 livres, la nouvelle expertise s'éleva à 223 livres 10 sols [3].

À cette liste déjà longue des personnes qui eurent à souffrir pendant cette nuit du 24 juillet 1792, il faut ajouter André Plantier qui ne figure pas sur le procès-verbal de Viala.

C'est en effet le 13 août 1703 seulement qu'il porta plainte et demanda l'expertise des dégâts à lui causés.

---

[1] Dans un autre dossier (Arch. int. C. 262) nous apprenons que sur une supplique de Jacques-André de Montfort, Lamoignon donna, le 19 décembre 170?, une ordonnance pour estimer le dégât fait à cette maison. L'expertise fut faite de nouveau en novembre 1704 et s'éleva à 1 524 livres 10 sols. — Cette famille fut éprouvée par cette révolte: le frère de Jacques, M. de Béluge, capitaine d'une compagnie d'infanterie, fut tué dans une embuscade avec une partie de sa compagnie; enfin, dans le *brûlement* général, Jacques n'eut pas le temps de recourir à l'Intendant et vit ses maisons brûlées par les troupes du Roi. Ces derniers dégâts furent estimés 7 519 livres (Arch. int. C. 266).

[2] Procès-verbaux de Viala. Arch. int. C. 257.

[3] Arch. int. C. 266.

Comme Dardaillon, il était un ami personnel de l'abbé du Chayla. « Menacé comme lui », dit-il, il dut fuir et se réfugia à Alais le 27 juillet 1702 [1].

Le dimanche suivant ces bandits vont à sa maison de Valesoure, qu'ils investissent en criant : tue, tue, au feu. Sa femme s'y trouve, mais ils ne lui font aucun mal. De ce dimanche au 28 juillet 1703, où ils lui brûlent complètement sa maison, ils viennent la lui piller à sept reprises. Pour comble de malheur, M. de Julien lui brûla toutes les dépendances de sa métairie dans le *brûlement* général. Les dégâts furent estimés à 3.338 livres 6 sols, y compris les 2.078 livres 19 sols, à quoi furent estimés les dégâts causés par les fanatiques.

En armant le bras de Laporte pour satisfaire ses rancunes personnelles, Meynadier avait cru peut-être qu'il pourrait dominer les événements, et faire rentrer dans leurs villages tous ces hommes qui venaient de se souiller du sang de l'abbé du Chayla. Pour Laporte, il n'y avait plus qu'un moyen de salut : se cacher dans les bois et les baumes des montagnes. Le sang appelait le sang [2], et comme cet ancien forgeron ou ce chatreur de porcs était plus hardi que les autres prédicants, que tôt ou tard il devait aller à la potence avec ses complices, et qu'il se voyait à la tête de quelques hommes entreprenants, il résolut de tenir la montagne et de demeurer dans les bois. Il devait dès lors terroriser le pays jusqu'à ce qu'il tombât au mois d'octobre dans une embuscade.

Gardès nous dit dans sa déposition, qu'après avoir accompli leur œuvre au Pont-de-Montvert, les assassins se

---

[1] Arch. int. C. 262.

[2] Cette époque si triste de notre histoire, qui s'étend de 1685 à 1705, a été si mal racontée et si défigurée qu'il semble que je soutienne ici un paradoxe. Il y avait bien longtemps que le sang avait coulé dans les Cévennes quand l'abbé du Chayla fut tué. Les Cévenols étaient armés depuis 1685 : et quelques jours à peine après la promulgation de l'édit de Révocation il se tenait des assemblées armées et les nouveaux convertis tiraient sur les troupes du Roi (Assemblée de Roquedur en 1686 où un capitaine est tué, un lieutenant et un dragon blessés. Arch. int. C. 164.) Laporte ne courait donc pas plus de risques que les autres prédicants dont je parlerai un jour ; et, pour les contemporains comme de Broglie et Lamoignon, cette mort de l'abbé du Chayla ne présentait qu'un fait divers un peu plus intéressant : il s'agissait de l'archiprêtre et non d'un simple officier ou d'un dragon.

séparèrent en deux bandes. L'une prit le chemin de la montage des Bouges, où se tinrent de si nombreuses assemblées, et où, quinze ans auparavant, les fanatiques avaient tiré, au nombre de cent cinquante, sur les troupes du Roi ; l'autre bande prit le chemin de Frugères où elle arriva à la pointe du jour.

Là encore ils se couvrirent d'un nouveau crime, et immolèrent la quatrième victime : ce fut le curé de Frugères, l'abbé Reversat.

Je n'ai pas trouvé de détails circonstanciés sur sa mort. D'après Labaume, il aurait fui, se serait caché dans un champ de seigle, où il aurait été tué à coups de fusil.

Le 26 novembre 1702, Paul Viala dressa le procès-verbal [1], en présence de quelques habitants. Après avoir assassiné le curé, les rebelles mirent le feu à l'église. « C'est une ancienne église voutée, nous dit Viala, tout en pierre de taille... les rebelles y ont détruit les fonts-baptismaux de pierre de taille, l'autel et le tabernacle renversé et mis en pièce, de même que quelques meubles bois. » Pour la remettre en état, le commissaire estime qu'il faudra une somme de 250 livres, non compris les vases sacrés, calice, soleil, etc., qui furent enlevés et estimés 240 livres.

La maison où habitait Reversat et qui appartenait au sieur Bonicel, fut brûlée. Pour la remettre en état, Viala estima nécessaire la somme de 1.000 livres. Les effets du curé y avaient péri, ainsi que ceux de Robert, son valet, qui reçut de ce chef 28 livres, les héritiers de Reversat 502 livres et 5 sols ; en plus, on leur accorda une indemnité de 500 livres.

Le même jour enfin, 25 juillet, les assassins de l'abbé du Chayla signalèrent leur rage par le massacre des châtelains de la Devèze, et l'incendie du château dont il ne resta que les quatre murs.

Ce drame du château de la Devèze a été raconté de tant de façons que je ne sais qui croire parmi les historiens contemporains. Je crois cependant que le procès-verbal de Viala doit faire autorité. C'est le sieur de la Devèze, noble Darnal, qui dépose devant lui le 19 novembre 1702, et au-

[1] Arch. int. C. 256 et 257.

tant que qui que ce soit il devait savoir le nombre des victimes, puisqu'elles le touchaient de si près.

Il dépose donc « que le 25 juillet dernier (1702) une
troupe desdits scélérats furent audit château de la Devèze
où ils tuèrent Dame Louise de Parlier, sa mère, nobles
Pierre et François Darnal, demoiselle Thérèse Darnal, ses
frères et sœur, et le nommé Affourtit, leur rentier ».

Le château fut brûlé complètement, les dégâts furent
estimés à 3.207 livres, 10 sols, non compris les meubles et
les effets dont l'estimation fut laissée à l'appréciation de
l'Intendant [1].

[1] Arch. C. 257.

CHAPITRE V

GÉDÉON LAPORTE ET LES ASSASSINS DE L'ABBÉ DU CHAYLA
DU 24 JUILLET AU 31 OCTOBRE 1702

L'assassinat de l'abbé du Chayla dut faire une grande impression sur la population des Cévennes. Les courriers se succédaient rapidement, apportant à de Baville le récit des premiers massacres et des premiers incendies. En quelques heures une dizaine de victimes. De Broglie accourait à son tour et envoyait l'ordre au capitaine Poul de surprendre les assassins pour que prompte justice en fût faite.

Il est probable aussi que les consuls des communautés voisines durent courir sus à ces malheureux, et assister le maire de Saint-Martin de Lansuscle, Jacques Ausset, qui « fut avec un nombre considérable des habitants de la paroisse chercher » les révoltés [1].

A la tête de ses complices, Gédéon Laporte se retira dans les bois et les baumes des montagnes. Quelques années auparavant, dans ces mêmes communautés, on avait vu Vivens, le célèbre prédicant, l'ami de Brousson, à la tête d'une troupe de quatre cents hommes.

Combien en avait Laporte ? jamais peut-être nous ne pourrons le savoir. Cependant, en nous appuyant sur l'ordonnance de Lamoignon contre les auteurs des premiers massacres, nous ne croyons pas qu'il eut avec lui

[1] Arch. int. C. 252.

plus de cinquante hommes. Nous sommes loin de la troupe de Vivens.

Les archives de l'intendance du Languedoc sont très sobres en renseignements sur cette première bande camisarde. Cinq ou six pièces, voilà tout ce que j'ai pu trouver sur Laporte, parmi lesquelles, il est vrai, figurent le dossier du procès fait à sa mémoire, et les interrogatoires de Guyon, Soleiret et Solier, trois de ses soldats [1].

Gédéon Laporte était né à Brenoux. Tantôt on l'appelle marchand de pourceaux, tantôt châtreur de porcs ; sa taille était épaisse, ses cheveux crépus, tirant sur le châtain obscur [2].

Il tint la campagne pendant trois mois jour pour jour, ayant été tué le 23 octobre 1702 [3].

Suivons-le pas à pas, et voyons les crimes dont il se souilla, et qu'on reprocha au curateur chargé de défendre sa mémoire.

Le premier crime que lui reprochèrent ses juges, après l'assassinat de l'abbé du Chayla, fut la mort du curé de Saint-André de Lancize. Laporte dut assassiner le curé Boissonade probablement le 25 juillet. Nous avons vu dans le chapitre précédent que les assassins se séparèrent en deux bandes... l'une d'elles, commandée peut-être par Séguier, alla opérer à Frugère et au château de la Devéze. Ces deux crimes en effet ne sont pas reprochés à Gédéon Laporte ; l'autre bande, commandée par Laporte, alla à Saint-André de Lancize et y tua, d'après le procès-verbal de Viala [4], le curé et le maître d'école.

Le procès-verbal est daté du 25 novembre 1702. Nous y lisons que « les rebelles ont assassiné et massacré le dit Boissonade, curé ; et un autre ecclésiastique, qui était régent des écoles de la dite paroisse ».

Il n'y a pas dans cette phrase une répétition inutile. Rien n'est sec et aride, comme les procès-verbaux de Paul Viala ; nous aimerions parfois quelques détails, un peu plus de précision ; mais le commissaire semble tout occupé de sa mission. Très sobre sur les circonstances des

[1] Arch. int. C. 182.
[2] Arch. int. C. 182.
[3] Arch. int. C. 182.
[4] Arch. int. C. 257.

assassinats, il est long sur les dégâts et les dommages causés par les rebelles. Cependant, en cette affaire, il n'a pu s'empêcher d'ajouter le mot *massacré*. Précipité en effet du haut du clocher, Boissonade fut indignement mutilé par ses paroissiens ou par les compagnons de Laporte, tandis qu'ils faisaient subir une infâme mutilation à Parran, le maître d'école.

Le feu fut mis à l'église, et à la maison presbytérale. Viala estime à 210 livres les dégâts commis à l'église ; à 343, ceux de la maison claustrale. Les vases sacrés qui furent emportés étaient d'une valeur de 383 livres.

Paul Viala ajoute :

« N'ayant pas pu procéder à l'estimation des meubles de la maison du sieur M. de Boissonade parce que personne n'a pu nous en faire la description ; mais notre avis est qu'il doit être adjugé aux successeurs dudit Boissonade et du sieur maître d'école la somme de 1.000 livres pour les dommages et intérêts à eux causés par leur mort » [1].

L'acte d'accusation parle aussi d'une tentative de Laporte, faite à cette époque, sur la Favéde et le Coïlet de Dèze, où il enleva « toutes les armes des habitants », enfonça « les portes de leurs maisons » et où beaucoup d'habitants furent blessés.

Dans les vingt liasses qui se rapportent à cette époque, je n'ai trouvé aucune mention de ce fait, ni aucun détail.

Cependant, de Broglie et de Baville prenaient toutes leurs mesures pour arrêter le soulèvement, et donner un peu de confiance aux populations terrifiées par ces premiers assassinats.

L'intendant tira du présidial de Nîmes une Chambre de justice qu'il établit à Florac pour faire prompte et sévère justice. En même temps, de Broglie arrivait le 29 janvier à Saint-Germain de Colberte pour combattre sur les lieux mêmes les rebelles fanatiques. Décidément, Laporte devenait un chef de parti, et ne voulait plus rester un simple assassin, surtout pendant le mois d'octobre : il occupait l'intendant et le lieutenant général.

Il est bien remarquable, en effet, que, pendant les mois d'août et de septembre 1702, Laporte, surveillé et serré de

[1] Arch. int. C. 257.

près par de Broglie et surtout par le capitaine Poul, n'ait plus tenté aucun exploit. Justification de ce que j'ai dit plus haut. Les Cévennes ne s'attendaient pas à cette prise d'armes, et le drame du 24 juillet n'était qu'un fait divers de la lutte engagée depuis plus de quinze ans. L'échauffourée, où, quelques jours après la mort de l'archiprêtre, Poul surprit la bande d'Esprit Séguier, est sans importance. Les trois prisonniers qui furent faits, furent jugés à Florac et exécutés comme de vulgaires criminels. Mais encore une fois, et j'insiste à dessein sur ce fait, deux longs mois s'écoulent, pendant lesquels la paix renaît dans les montagnes, les curés reviennent, et les habitants chassent un peu de leur terreur.

Ce recueillement de deux mois que met Laporte à mûrir son projet, fait historique indiscutable, sur lequel on n'a pas jusqu'ici assez insisté, prouve avec évidence que, le 24 juillet, nous ne sommes pas en présence d'un soulèvement général, que le grand coupable c'est Meynadier, et que Laporte, trop compromis pour rentrer chez lui, n'a plus qu'un moyen de sauver sa tête ; organiser une troupe, faire le prédicant, remplacer Vivens, et tâcher même d'aller soulever la Vaunage et le pays bas.

On a accusé l'Intendant de Languedoc d'avoir manqué de prévoyance et d'avoir même trompé le Roi [1]. On voit déjà combien cette accusation porte à faux. Mais il y a plus ; dès la fin de juillet, le comte de Peire à la tête de 2.000 hommes était à Saint-Germain où il rencontra

---

[1] Loin d'avoir été imprévoyant, l'intendant de Languedoc s'attendait à une révolte et avait pris pour cela ses précautions. Ceux qui l'accusent ignorent ou feignent d'ignorer les divers mouvements qu'il y eut dans les Cévennes de 1685 à 1700 : les bandes de Castan et de Vivens, le jugement de Brousson, etc. Ils attribuent à l'assassinat de l'abbé du Chayla une importance trop grande. On peut voir aux archives (C. 274) un rapport que l'intendant s'était fait adresser. Bien que ne portant pas de date, je crois qu'il a été écrit vers 1700. Dans ce rapport, il y a d'abord une liste des villages où il faut mettre des compagnies de dragons ou d'infanterie (Pont-de-Montvert, Saint-Etienne de Valfrancesque, etc.), en tout dix compagnies, puis une liste des esprits dangereux (de Salgas, surtout Meynadier, etc.) La révolte suit une progression constante : depuis Castan jusqu'à Cavalier et Roland en passant pas Vivens et Laporte. On ne pourra comprendre cette époque et établir les responsabilités que lorsqu'on aura écrit l'histoire non d'après les auteurs protestants contemporains, mais d'après les rapports contenus aux archives de l'intendance, écrits au jour le jour, sans plan préconçu et par conséquent sans parti-pris.

de Broglie ; dès le 2 août, les garnisons de Montpellier, de Nîmes, de Sommières et de quelques villes du pays bas, fournirent des détachements qui occupèrent les points stratégiques les plus importants des Cévennes.

Lamoignon n'a pas pu tromper Louis XIV, parce que le 24 juillet, les Cévennes ne s'étaient pas levées en masse pour secouer le joug odieux que le clergé aurait fait peser sur elles.

Pendant ce temps, que faisait Laporte ? Il faisait ce que les historiens voudraient qu'il eut fait six mois auparavant : il tenait des assemblées, prêchait, excitait le peuple à la révolte, recrutait de gré ou de force des soldats.

C'est ce que nous apprend Etienne Solairet, dans son interrogatoire du 2 septembre 1702 [1]. Laporte tenait partout des assemblées : il avait avec lui un prophète du nom de Salomon, et faisait jurer à tous de tuer les prêtres et les anciens catholiques [2]. Guyon nie bien cette dernière accusation, dans son interrogatoire du 18 novembre 1702 ; mais après avoir lu des milliers d'interrogatoires, je sais ce que valent les dénégations de ces accusés, où tous (99 sur 100) nient l'évidence même et tous les témoignagnes.

Ce même Guyon d'ailleurs, fils et père de ministre, né à Castanet de Biannaves, a suivi la bande pendant un mois ; il avoue l'avoir quittée lorsqu'il l'a vue piller, tuer, et brûler.

Les pièces ont disparu du dossier de ces deux camisards. Celui de Jean Solier est plus complet et partant plus intéressant.

Jean Solier, peigneur de laine, né à Saint-Hilaire de Bretmas, et âgé de vingt-trois ans, a suivi Laporte. Son interrogatoire est du 27 octobre 1702 [3]. Il avoue que dans l'assemblée qui se tint au bois des Plans le 9 octobre, Laporte « le châtreur » prêcha et excita les assistants à la révolte : il n'y avait qu'une vingtaine d'hommes ou de femmes. Lorsque le Roi, leur disait-il, veut des hommes pour faire la guerre, il en trouve autant qu'il veut ; mais

[1] Arch. int. C. 182.
[2] Arch. int. C. 182.
[3] Arch. int. C. 182.

quand il s'agit « de l'intérêt de leur religion », personne
ne veut se soulever et le suivre.

Faut-il voir dans ces paroles de Laporte l'expression de
la vérité, — beaucoup de soldats dont j'ai lu l'interrogatoire dans la suite disent avoir marché par force — ou
bien n'est-ce qu'une exagération oratoire. Je ne sais ce
qu'il faut en penser. Ce qui est sûr, c'est que vers la fin de
septembre il eut une troupe assez nombreuse, capable de
lutter contre le capitaine Poul. Si « l'intérêt de leur religion » pouvait les laisser assez indifférents, au dire de
Laporte, l'amour du pillage dût être un assez bon stimu-
lant pour les engager à le suivre.

Si, en effet, l'amour de leur religion avait été leur seul
mobile, pourquoi chacun cachait-il sa personnalité sous
un nom d'emprunt! C'est ce que Solier nous apprend :
embrigadé de force par les Camisards, il n'a jamais connu
d'autre chef ni d'autre soldat que Laporte. Il connaît un
Lafleur qui lui a dit s'appeler Pierre et être du côté d'Anduze, un Larose, un la Violette, etc. On croirait avoir à
faire à une bande de brigands [1].

Les convictions religieuses ne devaient pas être bien
ancrées dans le cœur de tous ces hommes. On pourra lire
aux pièces justificatives la mort de Solier, et comment il
se confessa avant de monter à l'échafaud.

Lorsque Laporte eut ainsi bien organisé sa bande et
opéré des recrues de gré ou de force, il sortit de sa retraite
comme autrefois Castan et Vivens [2] et se signala par le
« brûlement des églises » et de nouveaux assassinats.

---

[1] En cachant ainsi leur personnalité sous un nom d'emprunt les compagnons
de Laporte ne faisaient que se conformer à une coutume du pays et qu'imiter
leurs devanciers. Les prisonniers faits aux assemblées depuis 1686, — les habitués,
j'entends — se connaissent plus souvent entre eux sous ces noms que sous leur
nom de l'état civil. De là, les difficultés pour rétablir la véritable identité : J'ai
trouvé un capitaine, un la fleur, un la verdure, etc.

[2] Je ne saurais trop insister sur ce point : Laporte n'est pas le premier chef de
bande qui ait paru dans les Cévennes. Dix ans avant lui, Castan de Florac et
Vivens avaient paru à la tête des « attroupés ». Vivens avait, je l'ai dit, près de
400 hommes, bande plus forte à mon avis que celle de Laporte. Castan fut pris,
et condamné à Montpellier le 28 mars 1691 à être rompu vif à Florac où il fut
conduit « ayant un écriteau devant et derrière avec ces mots : un des chefs des
attroupés avec port d'armes ». Arch. int. C. 171.

Vivens, le célèbre prédicant, l'ami de Brousson, périt les armes à la main.

Parmi ses victimes, je citerai le consul de Moulezon[1], le prieur de Saint-Martin de Bobaux et Salomon Gardez qui avait déposé lors de l'assassinat de l'abbé du Chayla et avait rempli auprès de plusieurs juges l'office de greffier.

Citons aussi quelques-unes des églises qu'il livra aux flammes : celles de Saint-André de Lancize, de Saint-Paul de Lacoste, de Saint-Julien d'Arpaon, de Saint-Laurent de Trèves, de la Melouse, de Saint-Jean de Toirargues et plusieurs autres incendies qui figurent à la charge de sa mémoire dans le procès qui lui fut fait après sa mort[2].

Au récit de ces nouveaux massacres, Poul accourut, et trouva la bande de Laporte au champ Doumergue. Le combat s'engage. Laporte soutient le choc; mais, malgré les promesses du prophète qu'il avait avec lui, les hommes tombent morts. La débandade a lieu : les attroupés se retirent et s'enfoncent dans les bois et dans les précipices où les troupes de Poul ne peuvent les atteindre.

Laporte comprend sa faiblesse. Seul il succombera ; mais, dans le pays bas, il y a des hommes, fatigués de l'oppression, qui ne demandent qu'à courir aux armes. Il pense les entraîner à sa suite, et susciter de grands embarras à de Broglie et à Baville.

D'ailleurs, dans le courant d'août, il s'y est commis un crime aussi retentissant que celui du 24 juillet au Pont-de-Mont vert. Saint Come a été assassiné ; il y a là aussi des coupables, des fugitifs, des vagabonds. Son neveu est venu le rejoindre, celui qui sera le vrai chef sous le nom de Roland.

Il va donc dans la Vaunage auprès des nouveaux convertis, dans ce pays où les assemblées sont quotidiennes, où tous les habitants ont un compte à régler avec l'intendant pour avoir enfreint les prescriptions du Roi.

Il y organise des assemblées, fait la prière, prêche. Il est aussi prophète, et annonce à ces âmes, bourrelées de remords, le pardon et la miséricorde. Il leur laisse son neveu Pierre Laporte et revient retrouver, dans les montagnes avoisinant Barre, ses premiers complices.

C'est à Barre qu'il a décidé, poussé par Meynadier, la

[1] Arch. int. C. 182.
[2] Arch. int. C. 182.

mort de l'archiprêtre des Cévennes. C'est à Barre qu'il va mourir.

Le 23 octobre 1702, trois mois, jour pour jour, après la formation du complot où la mort de l'abbé du Chayla fut décidée, le capitaine Poul, toujours à sa recherche, tomba sur sa troupe, et la dispersa : Laporte resta sur le terrain [1].

Le premier chef camisard échappait à l'échafaud qui l'attendait. Dès que la nouvelle de cette mort parvint à l'Intendant, il ordonna aussitôt d'instruire un procès contre sa mémoire.

Ce procès lui fut fait à Montpellier : Devèze fut nommé curateur. Combien difficile à défendre ; les crimes étaient trop connus ; on lui reprocha surtout l'assassinat de l'abbé du Chayla et celui du consul de Moulezon, les sacrilèges et l'incendie des églises.

Aucun retard n'y fut apporté : le 5 novembre 1702, Laporte fut reconnu coupable « d'assassinats, sacrilèges, incendies, crime de lèse-majesté au second chef, et d'avoir été le chef des scélérats et séditieux attroupés dans les Cévennes ».

En conséquence, sa mémoire fut déclarée « éteinte et supprimée et condamnée à perpétuité » ; ses biens furent acquis au Roi, et sa maison de Brenoux fut rasée.

Sa mort laissa un peu de répit aux populations des Cévennes ; mais son neveu Pierre Laporte, dit Roland, organisait sa bande, Cavalier travaillait aussi de son côté ; et au mois de janvier 1703 l'organisation allait être complète. Les bandes devaient aller tomber à l'improviste sur les villages, surprenant par la soudaineté de leur attaque

---

[1] Brueys dit que la tête de Laporte fut envoyée à Montpellier et exposée à l'Esplanade (livre III, p. 15, éd. princeps de Montpellier, 1713). Cet auteur parle aussi de l'assemblée qu'aurait tenue Laporte quelques jours avant l'assassinat de l'abbé du Chayla et où fut résolue la mort de l'archiprêtre (p. 16 et 17). Il nous dit que les complices de Laporte ne voulaient pas consentir à ce crime, que pour les y déterminer il leur dit que le Saint-Esprit allait les quitter et que le feu du ciel allait tomber sur eux. En même temps, il fit lâcher des colombes, et quelques complices, cachés derrière des rochers, tirèrent un feu d'artifice.

Cet auteur ne m'a jamais inspiré confiance ; aussi je ne le recommande pas. Il y a chez lui de nombreuses erreurs, des puérilités. Il dit qu'il a eu en main les documents : comment alors n'en a-t-il pas fait meilleur usage ?

brusque et précipitée et les habitants et les officiers du Roi.

C'est dans ce mois de janvier 1703 qu'eurent lieu les massacres de Belvézet, Pouls, Cendras, Chamborigand etc...

La guerre des Camisards commençait...

PIÈCES JUSTIFICATIVES

I

Procès-verbal de refus des sacrements.

L'an 1701 et le mardi 29e jour du mois de novembre au lieu de Pont-de-Montvert, par devant nous, Pierre Leblanc, docteur ès-droit, avocat au Parlement de Toulouse, commissaire subdélégué par Monseigneur de Lamoignon de Baville, intendant en Languedoc.

Sur la dénonce à nous faite par M. Antoine Barthélemy, missionnaire au dit lieu du Pont-de-Montvert, que Laurent Martin, maréchal du même lieu, nouveau converti, qui est malade dans son lit, a déclaré qu'il voulait mourir dans la R. P. R. où il était né.

(*Signé* : BARTHÉLEMY, missionnaire.)

Nous dit commissaire, nous serions acheminé, accompagné de Jacques Bonnet, sieur de Lascombes, sieurs Paul Talon, bourgeois, et Jean Boissière, praticien du dit lieu, dans la maison du dit Laurent Martin que nous aurions trouvé dans son lit malade, et interrogé comme s'ensuit :

Interrogé de quelle religion il est et dans quelle religion il veut mourir.

A répondu qu'il veut vivre et mourir de la Religion dans laquelle il est né.

Lui a été représenté qu'il a fait les fonctions sur le passé de Catholique Romain, que c'est là la seule bonne religion hors de laquelle il n'y a point de salut.

A persisté en sa première réponse par des branlements de tête, présents les susdits qui ont signé avec nous.

LASCOMBES, TALON, BOISSIÈRES,
LEBLANC, *commissaire*.

Arch. int. C. 183.

II

Etat de ceux qui ont été condamnés aux amendes pour avoir manqué plusieurs fois d'entendre la sainte messe, d'envoyer les enfants à la doctrine et à l'école, au lieu et paroisse d'Aumessas, du 22 août 1702, et qui ont payé

	livres	sols	deniers
Etienne Caldebert qui a payé pour son amende	3	5	0
David Valat	1	8	0
Amans Castel	1	12	6
Le sieur Peirenc	5	0	0
Moïse Boissière	1	12	6
Etienne Rossilion	1	0	0
Jean Fabrier	1	12	6
Henri Combernoux	1	0	0
Jacques Fabrègues	0	14	0
Claude Boissière	1	12	6
Isaac Brun	1	12	6
Total :	20	9	6

Etat de ceux qui avaient été condamnés avec les susdits à payer l'amende pour le même sujet et auxquels on a fait grâce.

Jacques Combernoux
Aierre Fabrier
Jean Nadal
Pierre Brun
David Géroul
David Guibal
Jacques Fabrègues (rayé sur la liste)
Jean Ferrières Ricardel
Jacques Puech
Antoine Germain
Jean Guibal
Jacques Garric
Jacques Perris

Jean Brun
Pierre Pataux
Jean Rocabèle
Etienne Ferrières du portail
Jean Poujol
Jean Vidal

Nous soussigné, prieur d'Aumessas, déclarons comme tous les susdits n'ont été condamnés à l'amende que sur la dénonce et réquisition de nous, prieur d'Aumessas, et du R. P. Saturnin, missionnaire de la paroisse, afin de remettre un peu d'assiduité dans nos saints exercices et surtout pour obliger les gens à venir à la sainte messe à laquelle, depuis quelque temps, tous les susnommés ou ceux de leur famille ou plusieurs autres se donnaient la licence de manquer, aussi bien qu'aux instructions pour le regard des enfants; déclarons aussi que la susdite somme de 20 l. 9 s. 6 d. provenant des amendes que divers particuliers ont payée selon la modération qui en a été faite par nous et le R. P. missionnaire selon la commodité d'un chacun a été toute remise entre mes mains par lesdits particuliers de laquelle susdite la somme a été tiré, premièrement, cinq livres pour payer la peine de deux soldats de bourgeoisie qui restèrent dans la paroisse trois jours pour exiger les dites amendes; déclarons aussi avoir employé de la susdite somme 3 l. 16 sols, savoir 3 livres pour secourir une famille honteuse et 16 sols pour acheter un suaire et couvrir le corps d'une femme défunte appelée Marie Molinière; le restant de la somme, qui est 11 l. 13 s. 6 d. dont nous nous étions chargé dans le dessein d'employer la dite somme à vêtir les pauvres de la paroisse qui se trouvent nus et sans moyens, déclarons come nous la remettons entre les mains du sieur Mazeran, consul, pour être portée à Sa Grandeur, Monseigneur de Baville, intendant, selon l'ordre que le sieur Mazeran en a reçu de mon dit Seigneur intendant. de laquelle somme le dit sieur Mazeran nous en a fait un reçu et s'en est chargé.

DE LAVALETTE, prieur d'Aumessas, ce 8 décembre 1701.

Paraphé *ne varietur*.

MAZERAN, consul.

Arch. int. C. 181.

III

Lettre de l'évêque d'Alais à M. de Lamoignon.

Valrogue, le 2 décembre 1701.

Je continue de faire ce que je puis, Monsieur, pour bannir le désordre de ce diocèse : j'y engage les habitants et leur fais entendre le mieux qu'il m'est possible combien ils y sont intéressés et combien il est ridicule que d'honnêtes gens donnent dans les folies qui courent et s'exposent par là à leur ruine. Je vois partout beaucoup de résolutions et de mouvement ; mais à travers tout cela je ne laisse pas d'apercevoir qu'il y a toujours dans plusieurs un reste de levain qui leur donne de la complaisance pour tout ce qui est contraire au progrès de la religion et propre à causer du trouble.

J'engage les Communautés à se garder soi-même, et pour cela à examiner l'état de chaque famille et à dénoncer celles qui font encore profession de favoriser le désordre, leur expliquant ce qu'ils doivent mettre en pratique pour cela et leur faisant voir quel est le seul expédient qu'elles aient de se mettre à couvert d'éviter et de tomber dans des cas fâcheux qui leur attireront des malheurs encore plus grands que ceux de leurs voisins, et que, si elles ne prennent pas ce parti-là, on changera les plus notables de tout le reste des habitants pour en répondre en leur propre et privé nom, de sorte que chaque communauté sera partagée en certains quartiers, et qu'un nombre de notables sera chargé en particulier de ces quartiers. Je leur fais concevoir que cet expédient sera juste puisqu'il est constant que le peuple est dans la dépendance ou de la noblesse ou des bourgeois, ou de ceux qui font travailler.

J'ai l'honneur, Monsieur, de vous envoyer un état de quelques gens qu'il serait à propos d'ôter de ce païs, et qui peuvent y attiser le désordre malgré la vigilance des communautés.

La communauté d'Aumessas, au moins une bonne partie, est venue se plaindre de ce qu'on lui a fait payer jusqu'à 300 ou 400 livres d'amende, sous prétexte d'une ordonnance que vous avez rendue contre ceux qui manqueraient à aller à la messe. Je n'ai point de connaissance de cette ordonnance, qui a apparemment été rendue pendant que j'ai été à Paris, supposé qu'elle soit véritable. Ces habitants prétendent qu'ils n'ont pas manqué à aller à l'église, et que ce n'est qu'un effet de la haine que leur prieur a pour eux. J'ai eu l'honneur de vous mander, Monsieur, plusieurs fois la division où est cette communauté et qu'il est vrai que le prieur avec sa famille en était en partie cause ; et pour prévenir les entreprises qu'il a accoutumé de faire, j'avais pris la précaution de vous demander une ordonnance qui nommât un autre consul que le sieur Mazeran, son neveu, homme très factieux et capable d'une mauvaise administration, outre qu'étant greffier consulaire pourvu par le Roi, il est incapable d'être consul, parce que ce sont deux emplois incompatibles. Je ne sais pas comment tout s'est passé, mais votre ordonnance n'a pas eu d'effet à ce que je vois.

Si ce n'est pas, Monsieur, votre intention que les particuliers paient des amendes quand ils manquent à aller à la messe, je crois qu'il serait raisonnable et même à propos de faire rendre celles-ci qui vont à 300 et 400 livres ; lesquelles n'ont pas été remises entre les mains du receveur du bureau de charité d'Aumessas ainsi qu'on a accoutumé de le faire quand vous en faites payer quelques-unes; mais qui sont demeurées entre les mains du dit sieur Mazeran, consul, ou de son oncle, prieur d'Aumessas. Cette communauté demande que vous lui donniez quelqu'un pour en informer. Le sieur Guillaume Finiels, avocat du Vigan, employé de la régie des biens des fugitifs serait propre à le faire si vous le jugez à propos.

Il serait à souhaiter que le prieur d'Aumessas et sa famille fussent hors de ce lieu : ils ne songent qu'à y être les maîtres avec un autre particulier qui est le sieur de Bénévent. Le sieur de Lavalette, neveu dudit prieur, revenu des pays étrangers où il était fugitif, a encore disparu depuis quatre mois. J'ai l'honneur de vous envoyer une copie de quelques-uns des billets qui ont été donnés par le dit Mazeran en exécution de vos ordres ou qu'il suppose pour ces amendes.

On ne viendra jamais à bout de mettre cette communauté en repos qu'on n'en chasse trois ou quatre familles. Il est, Monsieur, nécessaire que vous veuillez bien y faire les consuls. Si vous voulez, je vous proposerai les sujets les moins mauvais qu'il se pourra, et cela presse à cause du mois de janvier auquel temps Mazeran ne manquera pas de cabaler pour se faire confirmer. Je suis, Monsieur, avec attachement et respect, votre très humble et obéissant serviteur.

L. Evêque d'Alais.

En note. Je remets à vous envoyer l'état des familles les plus dangereuses à mon retour à Alais que j'aurai plus de loisir. On a arrêté ici une fille nommée Michèle qui faisait la fanatique et qu'on dit être correspondante du nommé Cabanes, prisonnier à Saint-Hyppolyte. J'ai dit au sieur Lavalette de la conduire à Saint-Hippolyte.

Arch. int. C. 181.

IV

En réponse à cette lettre de l'évêque d'Allais l'intendant prit l'arrêté suivant :

Nicolas de Lamoignon, etc...

Sur ce qui nous a été représenté qu'il y a eu beaucoup des amendes prononcées à Aumessas par le Consul, qui ont été diverties, et dont le fond n'a pas été porté à la régie des biens des fugitifs, ainsi qu'il est porté par les arrêts du Conseil.

Nous avons commis et commettons le sieur Finiels, avocat du Vigan pour se transporter au dit lieu d'Aumessas et y dresser un état contenant les amendes qui ont été remises et par qui elles l'ont été ; sur quoi il pourra entendre les habitants qui ont été condamnés, pour, le tout à nous rapporté, être ordonné ce que de raison.

Fait à Montpellier, le 9 décembre 1701.

DELAMOIGNON.
Par Monseigneur
DE MONTIGNY.

Arch. int. C. 181.

V

Deuxième mémoire de Meynadier contre l'abbé du Chayla.

Le fanatisme dans le diocèse de Mende a commencé en la paroisse de Moissac. Le fils de Rafinesque du Cambon fut le premier atteint de ce vice, lequel fut conduit par son père à Saint-Germain chez M. l'abbé du Chayla qui se contenta de le garder deux ou trois jours, lui donnant la liberté d'aller dans tout le village.

Ce ménagement fit que le mal se multiplia soudain.

Saint-Roman de Tousque, Ste-Croix de Valfrancesque et Vébron furent dans le cas.

Les consuls de cette commnuauté de Sainte-Croix faisant leur devoir, amenèrent les moteurs à M. l'abbé parmi lesquels il y avait un nommé Deshonas, jeune garçon du lieu des Mases qui faisait le prédicant ; mais il fut renvoyé chez lui à la garde de son père, où ce jeune homme ne manqua pas d'infecter le plus grand nombre de ses voisins, de telle sorte qu'on s'assemblait tous les jours dans le dit lieu des Mases.

Le lieu de Bassurets, dans la paroisse de Saint-Martin de Campcelade, s'étant débordé, ils furent une trentaine d'hommes ou davantage qui allèrent prendre M. Bugaret, leur curé, dans sa maison, le conduisirent aux masures du temple, où ils le firent mettre à genoux pendant que ces gens-là fanatisaient, lui disant qu'il serait bientôt rendu comme eux.

M. l'abbé se rendit au dit Bassuret en diligence avec quatre soldats, et dans le temps que tous les lieux circonvoisins s'attendaient à un châtiment exemplaire, ils apprirent la composition qu'avait été faite à 60 écus sur le général de cette troupe.

D'abord le fanatisme fut répandu dans tout le canton, chacun raisonnant et tirant la conséquence à sa manière sur l'impunité d'une entreprise qui avait fait attendre un gros spectacle.

Le monde se prévalant donc d'un tel ménagement, particulièrement les misérables qui, n'ayant rien à perdre, n'avaient, par conséquent, pas sujet de craindre les peines pécuniaires auxquelles cette sorte d'attentats se terminaient, l'on n'entendit après cela parler que d'assemblées de tous côtés.

Ce fut alors qu'il fallut se donner du mouvement pour restreindre le feu qu'on avait laissé allumer. Tout était perdu. M. l'abbé, d'un côté, donne ses ordres pour fin de captures, et, d'autre part, il monte lui-même à cheval, pour commander une troupe au bout de la Coste de Saint-Jean de Gardonnenque, qu'on appelle Saint-Pierre, où Roman avait convoqué, disait-il, une fameuse assemblée.

Le lieu du Pompidou, qu'est un passage, fut choisi pour être le lieu de sa séance pendant les troubles où le juge de Barre, commissaire-subdélégué, procédait sous le dictament de M. l'abbé du Chayla.

Cependant, pour pourvoir à la sûreté de leurs personnes il fut trouvé expédient de faire fortifier une maison du dit Pompidou par des barricades de guérites construites avec des planches bien flanquées pour être en état de défense contre Roman, qu'on avait inventé être en pays à la tête d'un nombre considérable de fugitifs.

Toutes ces grimaces prêtaient à rire à tout chacun, jusque même à ceux qui en payaient chèrement la façon; car on savait que Roman était en Suisse marié, droguiste de profession, et n'en avait aucunement désemparé depuis sa retraite qui fut immédiatement après l'assemblée de... [1] comme il fut avisé dans la suite.

La procédure parachevée, c'est-à-dire contre ceux qui avaient manqué de prudence ou de moyens, fut apportée à Mgr de Baville, et les prisonniers conduits. Toutefois, le dit Deshonas ne fut pas du nombre, quoiqu'un des plus coupables et qu'il l'avouât même. Il est vrai qu'il avait été fouetté jusqu'au sang à plusieurs reprises de la main de M. l'abbé avec un fouet d'osier ou amarines, et sans doute on trouva que cela avait tenu lieu de peine à quelque chose près.

Et comme ce fanatisme attirait la ruine du peuple par les contributions qu'on exigeait et des communautés et des particuliers, sous prétexte qu'il fallait soldoyer un

___

[1] Passage en blanc dans l'original.

grand nombre de soldats de bourgeoisie qui étaient pourtant fort petits,

Plusieurs personnes se ravisèrent, et, ayant réfléchi sur la conduite que M. l'abbé avait tenue depuis le commencement du fanatisme, n'eurent pas peine de se confirmer que c'était un jeu dont elles étaient les dupes, résolurent de chercher tout doucement quelque soulagement à des maux accablants.

Ce fut la Communauté de Barre qui commença par prendre une délibération par laquelle certain nombre de gens se rendirent garants de la conduite de la Communauté à peine d'en répondre en leur propre.

Mais cet expédient ne fut pas du goût de M. l'abbé. Bien loin de là. Il turlupina publiquement l'auteur de cette pensée-là, et il n'en fallut pas davantage pour rendre cette délibération caduque, et non suivie des autres communautés, étant désapprouvée de lui qui commande despotiquement.

Monseigneur l'Intendant ayant ensuite donné une ordonnance par laquelle est enjoint aux maires et consuls de se saisir des fanatiques et de les conduire,

Le dit lieu de Barre prit une nouvelle délibération contenant que pour une plus fidèle et exacte exécution de cette ordonnance, certains particuliers se chargeaient de plus fort des événements, et il n'eut fallu pour seconder les exemples de cette communauté-là et animer les esprits des voisins qu'autoriser de telles délibérations et ne s'en moquer pas.

Mais l'intérêt mercenaire s'oppose à ne pas faire finir des maux qui produisent de si grands biens.

La preuve de ce manège est plus qu'évidente en ce que le maire de Barre ayant donné dans une assemblée au lieu de Magistavol (lieu qui a produit Esprit Séguier, le plus insigne fanatique dont on parle) en la paroisse de Cassagnas, qui se faisait en plein midi dans une écurie, après s'être exposé contre ces gens-là en les frappant à coups de bâton, est accusé par M. l'abbé du Chayla d'avoir calomnieusement supposé cette assemblée, nonobstant toutes les preuves concluantes que le dit maire offre de fournir de cette vérité, qui est plus que notoire dans tout le pays et où les honnêtes gens sont scandalisés de la démarche qu'a été tenue contre un homme qui, par un effet de son zèle, a risqué sa vie pour le service du roi et l'intérêt de la religion.

Les fanatiques se voyant ainsi protégés, comme ils s'en vantent, en sont si enhardis, qu'il est constamment vrai qu'il n'est pas de jour qu'il ne se fasse des assemblées dans ce canton-là.

Après cela où trouvera-t-on des sujets qui agissent puisqu'on les blâme par les endroits qui ont le plus de mérite.

Et enfin les nouveaux convertis ne sont jamais en bonne foi quoiqu'ils fassent, s'ils ne savent faire leur cour à M. l'abbé ; car, sans cette condition, ou l'un y fait trop est hypocrite, ou l'autre est un entêté n'en faisant pas assez et c'est de cette manière que la religion est menée dans l'inspection du diocèse de Mende.

Paraphé *ne varietur*.

MEYNADIER, LOYS, commissaire.

Ce document ne porte pas de date.
Arch. int. C. 183.

VI

Supplique des habitants de Magistavol à Lamoignon.

Supplient humblement les habitants de Magistavol, paroisse de Cassagnas, vous remontrent que sieur Pierre Meynadier, maire de Barre, a cherché depuis longtemps tous les moyens possibles pour les ruiner, leur ayant à cet effet intenté plusieurs procès ; non content de cela, vendredi dernier, 13° de ce mois, ledit sieur Meynadier serait venu audit lieu de Magistavol accompagné de dix-huit soldats et un lieutenant de la compagnie du sieur Poul, capitaine, avec lequel ils ont contracté certaines habitudes, et étant audit lieu, ledit sieur Meynadier aurait fait piller et ravager toutes les maisons dudit lieu, enfoncé les portes des maisons tant des anciens catholiques que des nouveaux convertis, fait emporter entre autres choses dix-huit poules, demi-quintal fromage, une tasse étain, six livres de laine à filer, et environ cinquante livres de lard, enfoncé un coffre pour prendre ce qui est dedans, fait attacher au cou Jean Pellet, ancien catholique, avec lequel ils ont plusieurs procès particuliers et l'a fait suspendre en telle sorte qu'il en serait mort n'eut été que les habitants coupèrent la corde, et ensuite aurait fait emmener cinq prisonniers, sous prétexte qu'il s'était tenu une assemblée audit lieu ; mais d'autant que les suppliants ont toujours donné des marques d'une sincère conversion, leur curé étant très satisfait de leur conduite et qu'il est faux qu'aucune assemblée se soit faite dans le dit lieu, ledit sieur Meynadier n'ayant pris ce prétexte que pour avoir lieu de ruiner lesdits suppliants et pour se mettre à couvert de ses violences, et non par aucun autre principe, sa conduite, supposé qu'il y eut une assemblée, comme cela est faux, devait l'obliger à faire appeler le curé et consuls dudit lieu, avec M. l'abbé du Chayla qui n'en est qu'à une lieue et demie ou à tout le moins faire venir les soldats de M. de Miral, qui en est à deux lieues, les suppliants auraient espéré que si les choses se fussent faites de cette sorte, leur insolence aurait paru, mais le dit sieur Meynadier avait d'autres desseins, les soldats du sieur Poul éloignés de six lieues lui convenaient mieux pour son projet.

A ces causes les suppliants vous demandent justice et qu'il vous plaise ordonner que de ce dessus il en sera informé pour après être par Votre Grandeur ordonné ce qu'il appartiendra et ferez justice.

Arch. int. C. 183.

VII

Interrogatoire fait par l'abbé du Chayla.

L'an 1688 et le 21ᵉ août à neuf heures du soir, étant arrivé au château de Moissac, on nous aurait dit que sur nos avis on aurait arrêté un étranger qui passait dans la paroisse, sur quoi nous étant transporté dans un lieu où il était gardé par quatre soldats de la compagnie de la Melatière, régiment de Piémont, nous aurions requis ledit prisonnier de prêter serment sur les Saints Evangiles de

dire la vérité, ce quoi il aurait fait ; lui aurions demandé ses nom et surnoms, sa religion, le lieu de son domicile ordinaire, d'où il venait, où allait-il, quelle était sa compagnie, où l'avait-il trouvée, où est-ce qu'il s'était séparé, de quelle profession il était ; sur quoi nous aurait répondu qu'il s'appelait Abraham Soyer, faisait profession de la religion protestante demeurant ordinairement dans la ville de Lyon, rue de l'Enfant qui pisse, chez M. Tourton, marchand confiseur et épicier, chez lequel il tient pour trois cents livres de loyer par an, il y a environ un an et demi, ayant auparavant demeuré rue Mercier, chez M. Genin[1], libraire, chez lequel il a demeuré environ trois ans, lequel est ancien catholique, au lieu que le sieur Torton est nouveau converti, qu'il venait de Lyon d'où il est parti, il y a cinq semaines, ayant couché le premier jour à *Rinedejagne* ? ne se souvenant pas chez qui ; le lendemain il fut à Saint-Etienne en Forest où il a séjourné trois jours, logeant à la tête des cerfs, où il a acheté une charge de quinquaille pour envoyer en Suisse chez M. Peiret, marchand quinquaillier en la ville de Vevay, le commis de lui déposant, appelé Jacque Majord, aussi protestant, suisse de nation, demeurant en la ville de Lyon en la même maison que lui déposant ayant (?) à la douane de Lyon, et lui déposant à la foraine de Valence, où il donna six livres à raison de trente sols par quintal, attendu que cette charge était de quatre quintaux. Dudit Saint-Etienne il vient à Vals, en Vivarais, où il a séjourné douze jours, pour boire les eaux, ayant demeuré dans une maison au milieu de la ville, où il faisait la dépense avec cinq marchands de Genève, un nommé Lapierre, l'autre Gérard, le troisième Guy, le quatrième Quiquerre et le cinquième Malet. De Vals, il fut à Aubenas avec les mêmes marchands de Genève, où ils séjournèrent deux jours dans une maison où il n'a pas d'enseigne, assez proche du château, ne se souvenant pas du nom ; de là il fut seul à Argentières, s'étant séparé à Aubenas de la dite compagnie ; de là il fut à Alais où il ne fit que coucher au logis du Luxembourg ; il acheta à Alais de M. Martin plus de mille francs

---

[1] L'écriture de l'abbé du Chayla, toute en jambages, est assez difficile à lire. La première syllabe de ce nom propre est un peu gribouillée, la 3ᵉ lettre un peu effacée, peut-être faut-il lire Gerin.

des linges des pays circonvoisins, qu'il pria ledit sieur Martin de les lui faire venir à Lyon chez lui. De là il fut à Uzès, loger à la Croix de Ricart, où il n'a couché qu'une nuit ; de Nîmes il a couché à Anduze au drapeau rouge, d'où il est venu dîner à Saint-Romans dans le dessein d'aller à Bagnaulx, ayant diné à Saint-Romans à la Croix fer avec un homme, M. Despéraubier, qui portait un fusil à *l'onte?* Auvergne, duquel il se soit séparé pour suivre la route contenue en un mémoire écrit de sa main, qui est parmi les papiers qui sont à lui et qui ont resté entre les mains du sieur curé de Moissac, qui l'a arrêté prisonnier, le prenant pour un ministre ou prédicant, sur ce qu'il a dit qu'il était, natif de Vevay, en Suisse, et âgé de quarante ans et sur ce qu'on a trouvé dans ses poches un reste de lettre pour Genève adressante à M. Moye, ne se souvenant pas comme cela est dans les papiers arrêtés ; ayant aussi une valise où il y avait une petite arme qui se démontait, qu'il avait portée à Saint-Etienne pour en faire faire plusieurs, ce que les ouvriers n'avaient pas voulu faire, l'ayant montré aux plus habiles, étant pourtant chargé de poudre et d'environ une douzaine de balles ; n'ayant point de hardes qu'une paire de bas de toile, attendu que son linge avait resté à Alais, chez M. Martin, n'ayant rien dans les poches que des fragments de lettres ; un louis, neuf demi-louis ; une pistole d'Italie, trois écus d'or ; trois demi-écus d'or, deux pièces de trois sols, six deniers, deux sols, trois *patable* d'Avignon, un liard de France, une pièce de Hongrie doricant, une pièce d'Allemagne doricant ; quatre pièces de cuivre en forme de médaille grandes : trois pièces de cuivre médiocre, en forme de médaille ; sept petites pièces de cuivre en forme de médaille et un denier ; une petite fiole d'écume à tenir de l'eau de la reine de Hongrie, une paire d'heures catholiques à la fin desquelles il y a écrit une page miséricorde ; une paire de ciseaux ; un cadret cuivre, un écritoire avec canif ; une lunette à *fatode* ; une lunette qui grossit, qui est convexe ; une petite lunette de longue vue, une grande clef, une balle : un sifflet ; quatre petites clefs, une boucle d'orguimie, trois pierres utiles à des remèdes, deux éponges (?), un bout de cire d'Espagne ; un peigne rompu ; une bague d'or, avec une pierre fausse dont nous lui avions rendu le tout à la réserve de l'écritoire avec canif, des ciseaux, des pièces de monnaie, or, argent, bague et médaille que nous aurions mis en dépôt, entre les mains de M. de Moissac; de plus, après avoir fait fouiller, nous avons trouvé une perruque plus blonde que celle dont il se sert, un peloton de ruban noir et une carte des pays de Bourgogne, Suisse, Dauphiné, de laquelle il se sert, dit-il, pour se conduire dans les routes; et lui ayant représenté qu'il ne dit pas la vérité en ce qu'il porte des pistolets sans permission, qu'il n'a pas gardé la route, qu'il s'est coupé en plusieurs endroits, il a répondu avoir dit la vérité, et persisté, et s'est signé avec nous; et, après lecture faite, il a dit ne se souvenir pas au vrai du temps de son départ de Lyon, et qu'il ne saurait le manquer.

ABRAN SOYER,
F. DU CHAYLA, inspecteur.

Arch. int. C. 167.

VIII

Délibération du Conseil politique de Barre.

A été proposé par le sieur Pierre Parlier, premier consul, disant qu'il a appris que certaines gens mal intentionnés faisant semblant de parler en Nouveaux Convertis et sous prétexte de religion ont écrit plusieurs calomnies contre M. l'abbé du Chayla, inspecteur des missions et archiprêtre des Cévennes de Mende, et que les dites calomnies entre autres choses ont accusé M. l'abbé du Chayla d'avoir exigé des présents des Communautés sous le prétexte de différents passages de M. l'Evêque de Mende, de M. le comte de Broglie, commandant de cette province, et de M. de Baville, conseiller d'Etat ordinaire, Intendant du Languedoc, comme aussi que le dit sieur abbé du Chayla a fait faire plusieurs impositions d'autres communautés de son inspection qui vont à des sommes considérables, et comme y nomme la communauté de Barre et qu'il est de l'intérêt du public qu'il paraisse que nous n'avons fait aucune plainte de choses fausses et qui n'ont nulle apparence de vérité et que d'ailleurs cette communauté doit la justice de la vérité à M. l'abbé du Chayla, tant à cause de son emploi que des soins qu'il s'est donné tant pour le temporel que pour le spirituel de cette communauté ; il requiert la Compagnie de dire ce qu'elle en sait et de délibérer.

Ce qui ayant été entendu par la Compagnie, ils ont tous juré et protesté hautement ne savoir qu'aucun de la communauté ait été assez malheureux de parler ni d'écrire de cette manière, qu'il ne se peut que M. l'abbé du Chayla ait fait faire des impositions extraordinaires puisque cette paroisse étant du pays des Etats, on y raierait et ordonnerait la restitution de toutes les impositions qui seraient faites sans permission ; d'ailleurs, que M. l'abbé du Chayla a paru toujours très éloigné d'accepter des présents des communautés ; que même ils se souviennent tous qu'ayant voulu donner une année audit sieur abbé du Chayla cent quintaux de foin en reconnaissance de plusieurs services qu'il leur avait rendus, le dit sieur abbé ayant prié le père Chapelle, missionnaire de l'ordre de Saint-François, de lui acheter une pareille quantité de foin, ledit abbé ayant appris que le foin n'avait pas été payé, quoiqu'il en eut envoyé l'argent, il fut exprès au présent lieu de Barre et fit assembler tous les habitants, et paya à un chacun en particulier la quantité de foin qu'ils avaient fournie, et les obligea comme par violence à accepter l'argent ; comme aussi qu'il est connu de tous ceux de cette communauté que quelques particuliers ayant porté plainte audit sieur abbé du Chayla, qu'on avait fait un département, où l'on n'avait point gardé l'égalité, le dit sieur abbé trouva dans le dit département qu'on imposait un quintal et demi de foin sous son nom, de quoi ledit sieur du Chayla fit de très grièves plaintes, faisant voir que cela n'était pas vrai et porta sa plainte à M. de Baville.

Bien est vrai que l'on impose tous les ans pour le dit sieur abbé du Chayla en qualité d'inspecteur de travaux depuis 1693 la somme de quatre livres en vertu d'une ordonnance de M. de Baville du 3° mai 1693, fortifiée par une nouvelle ordonnance de mondit seigneur de Baville du 25 mai dernier qui ordonne de continuer ladite imposition pendant trois ans consécutifs.

IX

Condamnation de la mémoire de Gédéon Laporte.

Nicolas de Lamoignon, etc...

Entre le procureur du Roi demandeur et accusateur du crime d'assemblées illicites avec port d'armes, assassinats sacrilèges et crime de lèse-majesté au second chef.

Et M. Pierre Devèze, procureur au Sénéchal de cette ville, curateur créé à la mémoire de Gédéon Laporte du lieu de Brenoux, chef des scélérats attroupés, défendeur.

Vu le jugement par nous rendu avec les officiers du présidial de Montpellier, le dernier octobre dernier portant que le procès sera fait à la mémoire du dit Gédéon Laporte, portant aussi nomination de M. Devèze, procurateur, interrogatoires et réponses dudit Devèze, ordonnance portant qu'il sera procédé, contre lui par recolement et confrontations ; les recolements de plusieurs complices du dit Laporte en leurs interrogatoires, les confrontations littérales et autres personnelles faites au dit Devèze curateur ; plusieurs papiers et mémoires trouvés sur le dit feu Laporte, et tout considéré,

Nous, de l'avis des dits sieurs Présidiaux, par jugement en dernier ressort et sans appel, avons déclaré le dit feu Gédéon Laporte dument atteint et convaincu d'assassinats, sacrilèges, incendies, crime de lèse-majesté au second chef, et d'avoir été le chef des scélérats et séditieux attroupés dans les Cévennes pour réparation de quoi avons déclaré sa mémoire éteinte et supprimée et condamnée à perpétuité, les biens dont il jouissait acquis et confisqués au Roi ; ordonnons que sa maison sera rasée, et sera le présent jugement exécuté nonobstant oppositions ou appellations quelconques et sans y déférer. Fait à Montpellier, le 5 novembre 1702.

Signé : DELAMOIGNON.

Arch. int. C. 182.

X

Condamnation et exécution de Solier.

Nicolas de Lamoignon, etc.

Entre le procureur du Roi demandeur et accusateur des crimes d'assemblées illicites avec port d'armes, assassinats, sacrilèges et crimes de lèse-majesté au second chef, d'une part, et Jean-Jacques Solier, du lieu de Saint-Hilaire, accusé et défendeur d'autre

Vu... (interrogatoires, recolements, confrontations).

Nous, de l'avis des dits sieurs Présidiaux, par jugement en dernier ressort et sans appel, pour les cas résultants du procès, condamnons le dit Jean-Jacques Solier à avoir les jambes, cuisses et bras rompus vif sur un échafaud qui sera pour cet effet dressé à la place de Fons sur Gardon et mis ensuite sur une roue la face tournée vers le ciel ; ce fait, son corps mort porté par l'exécuteur de la haute justice aux fourches patibulaires, préalablement appliqué à la question pour avoir révélation des complices ; ses biens acquis et confisqués au Roi ; et sera le présent jugement exécuté, nonobstant oppositions ou appellations quelconques et sans y déférer. Fait à Montpellier, le 6 novembre 1702.

Signé : DELAMOIGNON.

L'année 1702 et le 10e jour de novembre, le jugement dont l'expédié est ci-dessus a été prononcé au dit Solier, y nommé, par moi greffier d'office, soussigné, dans la bergerie du sieur Parel, conseiller, attenant la place de Fons sur Gardon où il a été amené, et après qu'il a eu déclaré publiquement qu'il renonçait à toute hérésie, et qu'il voulait mourir bon catholique romain, le sacrement de confession lui a été administré par le Père Michel de l'ordre des Cordeliers du couvent de Sommières, a été mis entre les mains de l'exécuteur de la haute justice de Montpellier qui a exécuté le dit jugement à deux heures de relevée en la place du dit Fons selon sa forme et teneur. Fait les an et jour que dessus.

DEHON, greffier.

Arch. int. C. 183.

XI

Interrogatoire de Pierre Méynadier, le 29 juillet 1702.

Après avoir avoué être l'auteur des deux mémoires, le juge lui représente que c'est

« un libelle diffamatoire contre le feu M. l'abbé du Chayla ;

« a dit que c'était un effet de son zèle pour la religion catholique et de la haine qu'il avait pour le fanatisme.

« Interroge ce qu'il a entendu dire par ces mots : plusieurs personnes se ravisèrent et, ayant réfléchi sur la conduite que l'abbé avait tenue depuis le commencement du fanatisme, n'eurent pas peine de se confirmer que c'était un jeu dont elles étaient les dupes ;

« a dit qu'il a entendu que lesdites communautés souffraient et qu'elles étaient exposées à des logements par l'impunité du fanatisme.

« Interrogé s'il n'a pas entendu par là dire que c'était un vol et une concussion ;

« a dit qu'il n'a entendu autre chose que ce qu'il a dit.

« Lui avons représenté une copie d'une lettre du sieur abbé du Chayla écrite à M. de Barre et datée du 1er juillet présent mois, et l'avons interpellé de déclarer s'il n'a pas intercepté cette lettre;

« a dit qu'il ne l'a point interceptée, qu'il l'a trouvée ouverte devant la porte du sieur de Barre, qu'il en prit une copie et ensuite alla la jeter dans le puits du sieur de Barre, qu'il y avait quinze jours qu'elle était écrite, et a persisté.

« Lui avons représenté un paquet à nous adressé dans lequel il s'est trouvé une lettre de feu sieur abbé du Chayla et un certificat en faveur de la nommée Martin, et l'avons interpellé de nous déclarer d'où lui est venu ce paquet ;

« a dit que c'est la demoiselle Martin qui lui avait donné pour obtenir un passeport.

« Interrogé s'il n'est pas vrai qu'il est l'auteur de la conspiration contre le feu sieur abbé du Chayla et de l'assassinat commis en sa personne :

« a dit que non.

« Interrogé si le complot n'a pas été fait le jour de la foire de Barre qui s'est tenue le 22ᵉ de ce mois :

« a dit qu'il n'en sait rien.

« Interrogé si la conspiration ne s'est pas faite dans sa maison :

« a dit que non.

Lecture faite a persisté et signé.

Archiv. int. C. 183.

XII

Interrogatoire de Jacques Bonnet, sieur de Lascombes, habitant de Pont-de-Montvert, âgé de 56 ans, nouveau converti, le 21 août 1702, par Loys, commissaire.

« Interrogé si le dit soir (du 24 juillet) on assassina dans le dit lieu (de Pont-de-Montvert) le sieur abbé du Chayla :

« a dit que oui.

« Interrogé s'il sait qui commit le dit assassinat et s'il n'a entendu dire qu'ils étaient :

« a dit que non, qu'il a seulement ouï dire que c'étaient des gens attroupés et qu'il n'a su seulement que le nom de ceux qui furent exécutés... Il entendit crier un grand nombre de personnes qui étaient dans les rues et sur le pont qui criaient tue ! tue ! et tirèrent plusieurs coups de fusil.

« Il sortit par le derrière de sa maison où il trouva le sieur Leblanc, commissaire subdélégué de Mgr l'Intendant, et le nommé Gardès, son greffier, avec lequel il demeura dans un pré qui lui appartient et qui est au delà de la Rivière jusques à ce qu'il vit que le feu était à la maison du sieur abbé du Chayla.

« Interrogé si le dit sieur Leblanc ne donna faire quelque mouvement pour empêcher le tumulte :

« a répondu qu'ayant ouï que les dits attroupés criaient qu'on voulait les prisonniers et qui frappait à la porte dudit sieur abbé du Chayla. Il demanda à lui qui répond si on ne pouvait pas avoir de fusils pour tirer sur ces

malheureux à l'endroit où ils étaient ; qu'ayant envoyé le
nommé Antoine Devèze au sieur Escalier, lieutenant de
bourgeoisie dudit lieu de Montvert pour venir au secours,
ledit Devèze revint disant que le passage était gardé par
les attroupés : et dans le moment, ils virent la maison du
sieur abbé du Chayla qui brûlait, ce qui obligea ledit
sieur Leblanc et son greffier de se retirer ayant pris le
chemin de Frugères, et lui qui répond entra dans sa
maison avec Roux l'apothicaire, ledit Faucher et sa fille
par la porte de derrière où étant il entendit passer devant
sa maison quantité desdits gens attroupés qui criaient que
tout le monde eut à se retirer des fenêtres, qu'autrement
on les tuerait ; ayant même ouï tirer quantité de coups de
fusil, croyant qu'ils en tirèrent plus de 400 *coups, que*
dans le même temps il entendit quelques voix qui deman-
daient où était le nommé Dardaillon, disant qu'ils voulaient des munitions, et enfoncèrent la porte de la maison,
quoiqu'on leur criât qu'il était à la foire de Beaucaire et que
la clef de sa maison était chez le sieur Faucher, croyant
que ce fut le sieur Talon qui leur dit que Dardaillon était
à la foire, n'ayant pu distinguer qui leur dit que la clef
était chez Faucher à cause du bruit que faisaient les coups
de fusil qu'ils tiraient, qu'après avoir enfoncé la porte
de la maison dudit Dardaillon, ils fouillèrent partout à ce
qu'il avail ouï dire le lendemain et qu'après allèrent chez
ledit Faucher et qu'ils demandèrent trois fusils ; que ne
leur ouvrant pas assez tôt la porte de sa maison, lui qui
répond ouit qu'ils disaient qu'il le fallait tuer et mettre le
feu à sa maison ; qu'il leur cria du derrière sa fenêtre où
il était et qui est tout au-devant de la maison dudit Faucher de ne point le faire, et qu'il leur faisait ouvrir par le
fils et la fille de celui qui était alors dans sa maison ; que
lesdits Faucher et sa sœur sortirent par la porte du derrière
de sa maison, et leur allèrent ouvrir ; et ledit Folcher leur
ayant assuré et juré qu'ils n'avaient point de fusils, ils se
retirèrent sans entrer dans sa maison, ainsi que ledit Folcher le dit le lendemain.

Interrogé si ce désordre dura longtemps.

A répondu qu'il commença à onze heures de nuit et
dura jusque à une heure avant le jour, qu'ils demeurèrent
pendant partie de la nuit et sur le pont, à la place et en

divers autres endroits fanatisant et portant (sic) des
psaumes.

Interrogé si le lendemain matin il ne s'informa de ce
qui était arrivé la nuit précédente et le nom de ceux qui
avaient fait ce désordre.

A répondu que le lendemain matin il sortit à la pointe
du jour, qu'il alla à la place avec plusieurs autres habitants. Ils trouvèrent ledit sieur abbé du Chayla mort sur
le pont, en chemise, tout couvert de sang ; qu'ils se rencon-
trèrent avec deux capucins de la mission ; qu'ayant tous demandé où était le sieur Leblanc, lui qui répond dit qu'il lui
avait vu prendre le chemin de Frugères ; et le père Ignace
capucin ayant dit qu'il le fallait envoyer chercher, lui qui
répond lui envoya son valet et son cheval ; que le dit valet
étant de retour leur dit qu'il avait trouvé partie de ces attroupés au nombre de dix ou douze ; qu'ils lui avaient pris
le cheval pour y mettre le blessé dessus, qui le conduisirent audit lieu de Frugères d'où ils n'étaient pas loin ;
qu'ayant trouvé jour pour se sauver, il l'avait fait, et leur
quitté le cheval, qu'il le trouva ensuite dans l'écurie du
nommé Bounissel, rentier du sieur Vallemalle où il fut
l'aller prendre après que les dits attroupés se furent retirés.   *Signé* : Loys, commissaire,
                                    LASCOMBES,

Arch. int. C. 183.

Dans ce même dossier, il y a une autre déposition sur
la nuit du 24 juillet faite par Pourtalon. Elle est plus courte
que celle de Bonnet, et ne présente aucun intérêt.

XIII

Déposition de Salomon Gardès le 27 juillet 1702.

Salomon Gardès, du lieu de Mas Liotard, paroisse de
Baumes, âgé de vingt-neuf à trente ans, etc., a déclaré n'être
parent, allié, ni domestique des parties, enquis sur les
faits [1].

---

[1] Labaume dit que Gardès avait été secrétaire de l'abbé du Chayla. Cette déposition de Gardès semble prouver qu'il n'avait eu avec l'archiprêtre d'autres relations que celles de l'amitié.

Dépose que lundi dernier, 24ᵉ du présent mois, lui qui dépose était à Pont-de-Montvert où il travaillait avec le sieur Leblanc à une procédure criminelle contre le nommé Pierre Massip, se disant du lieu de Durfort, diocèse d'Alais, accusé d'être guide qui avait été arrêté avec plusieurs nouveaux convertis dans le lieu du Pont-de-Montvert, et qui y étaient détenus prisonniers ; et qu'étant allé passer la soirée dans la maison ou le sieur Leblanc par nous commis pour lesdites instructions couchait, il entendit sur les neuf heures et demie que la maîtresse du logis vint dire toute effarée que tout le lieu était plein de gens armés, ce qui obligea lui qui dépose de sortir et d'aller sur le pont où il entrait quantité de gens armés qui venaient du côté de Bouges ou de Saint-Maurice, qu'ils criaient : allons, courage, mes frères, tue ! tue ! et qu'ils tirèrent plusieurs coups de fusil ; qu'ils passèrent le pont qui est proche la maison des héritiers du sieur André dans laquelle le sieur abbé du Chayla était logé et les prisonniers étaient ; que le sieur abbé du Chayla y était depuis le 1ᵉʳ de ce mois avec trois prêtres et deux capucins qui avaient fait la mission depuis ce temps-là dans tous les lieux circonvoisins du Pont-de-Montvert ; qu'ils environnaient cette maison, et que lui qui dépose étant passé dans une ruelle pour s'aller placer vis-à-vis la porte de la maison, il vit, étant avec le sieur Leblanc qui l'avait joint, grand nombre de monde devant la porte de la maison, que l'obscurité l'empêchait de discerner, et entendit que l'on donnait plusieurs coups contre la porte, laquelle fut enfin ouverte, et que, quelque temps après il vit, que l'on avait mis le feu dans un cabinet qui est à plain pied du lieu où l'on a fait la chapelle, qui est au-dessous de la chambre où couchait le sieur abbé du Chayla ; qu'il vit ensuite mettre le feu au marchepied de l'autel ; qu'alors il ne douta point que ledit abbé du Chayla qui était dans cette maison n'y périt.

Sur quoi il prit le parti avec le sieur Leblanc de quitter le lieu et de gagner la montagne ; que le lendemain mardi, ils revinrent au jour au Pont-de-Montvert où il apprit que quand ces gens armés furent entrés dans la maison ils se firent donner les prisonniers; que le sieur abbé du Chayla qui s'était couché voyant le feu au plancher de sa chambre, sauta par la fenêtre, qu'on lui tira plusieurs coups de fusil, de l'un desquels il fut blessé ; que ces attroupés l'entraînèrent sur le pont où ils lui offrirent quartier pourvu qu'il voulût abjurer la religion catholique ; et que lui ayant répondu qu'il aimait mieux mourir, ils le tuèrent d'un grand nombre de coups de baïonnettes, qu'il vit sur le pont grande quantité de sang qu'il avait versé et que son corps avait été porté sur un comptoir dans la boutique du nommé Pons ; que le valet du sieur abbé du Chayla fut aussi blessé d'un coup de fusil dont il est en danger de mort ; que le locataire de la maison dudit sieur d'André a aussi été tué d'un coup de fusil ; que le maître d'école a été blessé dangereusement de coups ; qu'il avait entendu, la nuit en se retirant, qu'ils firent une assemblée sur le pont où ils chantèrent des psaumes ; qu'on lui dit qu'ils s'étaient retirés au jour naissant ; qu'ils s'étaient séparés en deux bandes dont l'une avait pris le chemin de la montagne de Bouges et de Saint-Maurice, et les autres du côté de Frugères, où il apprit par le nommé Bonicel du Merlet, qui vint au Pont-de-Montvert, que le curé avait été tué par eux et que la maison où demeurait le curé, appartenant audit Bonicel. avait été brûlée ; et qu'en effet ils en voyaient la fumée du Pont-de-Montvert qui n'est qu'à demi-lieue, et est tout ce qu'il a dit savoir. Lecture faite a persisté et signé.

GARDÈS.

Arch. int. C. 183.

Cette déposition n'est pas inédite : l'abbé Couderc en cite un passage dans son ouvrage : *Victimes des Camisards.*

XIV

Décret du 29 août 1702 contre les prévenus des crimes commis dans les Cévennes.

Nicolas de Lamoignon etc.

Vu la procédure faite par les sieurs officiers du présidial de Nîmes, séant en Gévaudan, au sujet des assassinats commis en la personne des sieurs, abbé du Chayla, curé de Frugères, et de Saint-André de Lancize, des sieurs de la Devèze frères, de la dame leur mère, leur sœur et autres, des crimes de sacrilège, incendies et de vol, commis par les nommés Pierre Séguier, dit Esprit, Pierre Nouvel, Moïse Bonnet et leurs complices, les jugements desdits sieurs commissaires rendus en dernier ressort qui condamnent à mort lesdits Séguier, Nouvel et Bonnet, les décrets de prise de corps, jugements préparatoires et interlocutoires des dits commissaires contre plusieurs accusés des dits crimes des 5, 7 et 10 du présent mois d'août ; procès-verbal de question contenant les interrogatoires et réponses des dits condamnés ; arrêt du conseil qui nous attribue juridiction et connaissance desdits crimes ; les interrogatoires et réponses des nommés David Pascal, Jean Laval, Simon Serres, Jean Pelatan, Pierre Soulages, Jeanne Rouvière et Suzanne Mégesse, et la continuation d'information faite devant le sieur Loys notre subdélégué et les conclusions du Procureur du Roi au sénéchal de cette ville ; nous avons déclaré la capture de David Pascal, Jean Pelatan et Suzanne Megesse bien faite, et en conséquence ordonnons que le procès leur sera fait extraordinairement ; auquel effet que les témoins ouïs seront recolés à leur déposition, et, si besoin est, confrontés aux accusés pour ce, fait et communique au procureur du Roi, être fait droit ainsi qu'il appartiendra ; et que les nommés Abraham de Saint-Jean de Gardonnenque, âgé de vingt-huit ans environ, médiocre taille, Salomon Couderc de Vieljouve, Pierre Jouvence du lieu de Chavagan, paroisse de Cassagnas, Jean Falgueyrolles, le fils aîné de Moïse Bonnet, manchot, Louis Bounil de Peyremalle, Laporte, prédicant, Jacques Théron du lieu de Prades, paroisse de Saint-Martin de Bobaux, le nommé François, du lieu de Rieumal, Combes de Villeneuve, paroisse de Frugères, Larice de Saint-André de Lancize, les deux fils de Pascal hôte, Durand Martin, ci-devant valet dudit Pascal, David Deleuze et son frère, un autre Deleuze du lieu de Lancize, le nommé Jean du mas de Rabieux, le bâtard du baille de Travusa ; Jacqueton du lieu de Vieljouve, le nommé Martel de la paroisse de Saint-Hilaire, meunier, Couderc du Masaraissas, le nommé Frère, âgé de vingt-trois environ, Pierre, petit homme trapu, qui est du côté de Saint-Germain ; le nommé

Nicolas, neveu de Bonnet, du lieu de Valeyquier, près Genolhac, et un oncle du nommé Couderc, âgé d'environ
cinquante-cinq ans, seront pris au corps et conduits dans
les prisons de cette ville pour être ouïs et interrogés sur
les faits des procédures, sinon et après perquisition faite
de leur personne, seront assignés à la quinzaine, et par un
crieur public à huitaine, leurs biens saisis et annotés suivant l'ordonnance ; et au surplus que les autres décrets de
prise de corps et jugements préparatoires et interlocutoires
rendus par lesdits sieurs officiers du Président de Nîmes
séant en Gévaudan des 5, 7 et 10 du présent mois, et avis,
actes servant à l'instruction du procès seront exécutés en ce
qui reste et notre autorité, nonobstant opposition ou ap-
pellation.

Fait à Montpellier le 29 août 1702.

DELAMOIGNON.

Arch. int. C. 192.

XV

Jugement aux communautés, etc.

Nicolas de Lamoignon, etc.

Vu...

Nous, de l'avis desdits sieurs Présidiaux par jugement en
dernier ressort et sans appel pour les cas résultant du procès, condamnons lesdits Pellet et Teissier à avoir les bras,
jambes, cuisses et reins rompus vifs sur un échafaud qui
sera à cet effet dressé à l'esplanade et mis ensuite sur une
roue la face tournée vers le ciel pour y finir leurs jours ; ce
fait, leurs corps morts portés par l'exécuteur de la haute
justice aux fourches patibulaires, leurs biens acquis et
confisqués au profit de sa Majesté, ordonnons ensuite que
le procès sera fait aux lieux et communautés de Cros, Vieljouve, La Roche, Mijavoles, Saint-Julien d'Arpaon, Man-
dajors et Canourgues, conformément à l'ordonnance,
comme aussi que le procès sera fait à la mémoire du
nommé Laporte, chef des rebelles, tué dans le dernier combat, auquel effet avons pourvu curateur M. Devèze, procu-

reur au Sénéchal, et sera le présent jugement exécuté, nonobstant opposition ou appellations quelconques et sans
y déférer.

Fait le dernier octobre 1702.

DELAMOIGNON.

Suivent les signatures de quinze autres juges.
Lu et-exécuté ledit jour octobre 1702.

DE MONTIGNY.

Arch. int. C. 192.

UNE LISTE DES VICTIMES DES CAMISARDS

En publiant cette liste de victimes des Camisards, je ne prétends nullement la donner complète, ni infirmer le témoignage des auteurs contemporains qui rapportent des massacres, opérés dans certains lieux, et dont je n'ai trouvé nulle mention aux archives, dans les 24 liasses qui contiennent les procès, les suppliques, les procès-verbaux ou les enquêtes des années 1702-1704.

Je crois que les auteurs contemporains ont été souvent induits en erreur, non pas tant sur la matérialité du fait, que sur le nombre des victimes, et même souvent sur la date. Presque jamais il n'y a concordance entre les écrivains de cette époque, Labaume, Louvreleuil, Brueys, et les documents contemporains sur les circonstances des mêmes faits. Le lecteur pourra s'en convaincre pour les principaux massacres qui eurent lieu : Fraissinet de Fourques, Chamborigaud, Cendras, Saturargues, Belvezet, Valsauve (celui-ci même presque inédit), où je donnerai le chiffre des victimes d'après les auteurs contemporains et d'après les archives.

Je ferai remarquer encore que c'est la première fois que les noms des victimes sont publiés ; malheureusement,les noms des valets et des bergers ne nous ont pas été conservés généralement.

Autant que possible enfin je suivrai l'ordre chronologique ; mais comme dans certaines paroisses il y a eu des victimes à des époques différentes, je grouperai autour des premières victimes le nom des autres avec la date de leur mort, lorsque je pourrai donner cette même date.

Pont-de-Montvert (24 juillet 1702).
Abbé du Chayla ;
Roux, maître d'école ;
Michel, valet de l'abbé du Chayla [1] ;

Frugères (ou Fregères), 25 juillet 1702).
Abbé Reversat, curé [2].

Château de la Devèze (25 juillet 1702).
Louise de Parlier et ses trois fils qui sont :
Pierre Darnal,
François Darnal,
Thérèse Darnal,
Affourtit leur rentier [3].

Saint-André de Lancize (25 juillet 1702).
Abbé Boissonnade, curé ;
Le maître d'école [4] ;

Saint-Hilaire de Bretmas (14 octobre 1702).
Pierre Claris [5].

Saint-Germain de Calberte (octobre 1702).
Pierre Gelly et sa femme de Mazelrosade, paroisse de Saint-Germain.
Voici la vérité sur ce fait qui a été mal raconté jusqu'ici :
Les rebelles entrèrent dans sa maison « lequel Gelly ils égorgèrent, et, après lui, la femme dudit Gelly qui était enceinte de six ou sept mois » (Déposition de M. Ilaire, curé de Saint-Germain [6].

Bagars (octobre 1702).
Etienne Jourdan (Déposition de sa femme D[lle] Jeanne de Vignoles : son mari a été tué sous ses yeux parce « que son mari, comme officier, tua, en 1692, le nommé Vivens, fameux scélérat [7] ».

[1] Arch. int., C. 257.
[2] Arch. int., C. 257.
[3] Arch. int. C. 257.
[4] Arch. int. C. 182.
[5] Arch. int. C. 257.
[6] Arch. int. C. 257.
[7] Arch. int. C. 257.

Eus (1ᵉʳ novembre 1702).

Suzanne Bonduran (Voir aux pièces justificatives : son supplice [1]).

Ners (3 novembre 1702).

Abbé Pierre Martel « faisant les écoles en l'absence du sieur Honoré Arnaud, prêtre réfugié à Nîmes ».

Guillaume Béchard, tisserand, second consul [2].

Saint-Maurice de Cazevielle.

Un chasseur du gouverneur d'Alais le 3 novembre 1702 [3].

Jean Arnoux : le 23 novembre 1702 [4]. Foulon (pas de date [5]. Dans une supplique de Marc Clary, on lit que les rebelles tuèrent Foulon, et qu'ils consultèrent le prophète pour savoir s'ils devaient tuer le suppliant... le prophète ordonna de différer la mort.

Moissac (9 novembre 1702).

Les trois sœurs (Procès-verbal de Viala, plainte du père).

Anne Pratlong, âgée de 33 ans.

Jeanne Pratlong, âgée de 28 ans.

Marguerite Pratlong, âgée de 25 ans.

« Ayant trouvé, en faisant remuer les ruines, les ossements et le crâne d'une de ses filles et le restant étant tout en poudre [6] ».

Mardochée Bousquier : consul assassiné dans sa maison le 5 janvier 1703 (plainte de Jacques Lauze, son beau-frère [7]).

Bragassargues (nuit du 24 au 25 novembre 1702).

Rieucard,

Valet de Rieucard,

Les rebelles les enlèvent et vont les tuer dans l'Eglise de Sérignac (plainte du beau-père de Rieucard [8]).

---

[1] Arch. int. C. 266.
[2] Arch. int. C. 257.
[3] Arch. int. C. 257.
[4] Arch. int. C. 257.
[5] Arch. int. C. 257.
[6] Arch. int. C. 257.
[7] Arch. int. C. 257.
[8] Arch. int. C. 262.

Fons-sur-Lussan (novembre 1702).

Le maître d'école ;

Jean Clavel ;

Denis Peiraube (fait le mort et échappe) ; (supplique de Noble Charles de Narbonne, curé [1]).

Alais (4 décembre 1702).

Martial Martin : reçoit un coup de fusil à la tête, fait le mort, en est malade six mois.

Un inconnu, tué avec Martin [2].

Saint-Privat de Vallongue (14 décembre 1702).

César Verdeillan [3] ;

Charles Saunier (pas de date). Il avait fait prendre le père de Salomon Couderc, le prophète que nous avons vu avec Laporte. Salomon « le fit assassiner par trois de sa troupe » [4].

Château de Servas (21 décembre 1702).

Louise Aberlenc ;

Jacques le berger ;

François Aberlenc (blessé) [5].

Sauve (décembre 1702).

J'ai trouvé bien souvent (au moins dix fois) mention de la prise de Sauve par Roland en décembre 1702 ; malheureusement je n'ai pu trouver aucun nom. Les contemporains citent plusieurs prêtres massacrés. Les habitants se portèrent « au-devant de l'église pour empêcher que ces malheureux ne brûlassent la dite église » mais ils durent céder à la force des rebelles : supplique de Jacques Durand Bagard [6].

« Les fanatiques étant entrés par surprise dans la ville de Sauve au mois de décembre de l'année dernière (1702) y commirent beaucoup de sacrilèges et de massacres », supplique de Noble Hercule Durand de Vézenobres [7].

---

[1] Arch. int. C. 266.
[2] Arch. int. C. 255.
[3] Arch. int. C. 257.
[4] Arch. int. C. 268.
[5] Arch. int. C. 184.
[6] Arch. int. C. 262.
[7] Arch. int. C. 262.

Saint-Dézéry (4 janvier 1703).
Pierre Nadal [1].

Belvézet (5 janvier 1703).

C'est bien à cette date qu'il faut fixer le massacre de Belvézet [2]. C'est le premier village dévasté systématiquement par les bandes camisardes. J'ai trouvé deux listes de victimes : l'une dressée d'après la plainte des survivants, le 4 juin 1705 ; l'ordonnance d'enquête de Baville est du 12 juin 1705 [3].

L'autre liste a été dressée à l'occasion du procès fait par ordre de Baville à un soldat camisard [4]. Celle-ci ne nous inspire pas autant de confiance que la première qui est composée sous la dictée des parents des victimes. Voici d'ailleurs les deux listes :

Première liste (c. 264).
femme du baille Jean Rossel ;
fille d'Elias Rafin ;
fille de Louis Rafin ;
fils de Simon Lavre, « a été martelisé » ;
le beau-frère de Pierre Mathieu ;
Mathieu Roussel ;
Pierre Roussel ;
Henri Roucher ;
Claude Roussel et sa femme ;
Jean Vernède ;
Jean Ducros ;
La sœur de Guillaume Ravel ;
Jean Ravel, oncle de Guillaume Ravel ;
la mère de Jean Ravel ;
le berger de Jean Ravel ;
Pierre Roubert ;

[1] Arch. int. C. 260.
[2] Arch. int. C. 264.
[3] L'abbé Couderc ne donne pas de date ; en plaçant ce massacre sous la rubrique du 20 janvier, ainsi que plusieurs autres, il semble suivre l'opinion de Labaume qui fixe le massacre fin janvier ou commencement de février. Les auteurs non plus ne concordent pas sur le nombre des victimes : 14 grandes personnes et 6 enfants, dit Labaume (p. 112); 25 personnes tuées ou brûlées, dit le prieur de Mialet.
[4] Arch. int. C. 184.

Jean Richard [1] ;
sa femme Isabeau Blachère
et leurs deux enfants ;
la femme de Joseph Richard, frère de Jean ;

Dans cette liste sont portés comme blessés mortellement : le berger et la mère de Guillaume Ravel, et son oncle Jean Ravel ;

Pierre Roubert qui reçut « divers coups d'un sabre sur la tête croyant l'avoir tué ».

Voici la seconde liste (c. 184).
Jean Richard, cardeur,
Isabeau Blachère, sa femme ;
Esprit Blanc, d'Uzès, compagnon de Jean Richard ;
Nadal, de Saint-Victor d'Ailles, compagnon ;
Henri Boucher ;
Pierre Mathieu ;
Rossel ;
Le berger de Ravel ;
Cathin Blachère, femme de Joseph Richard ;
Jean Ducros ;
Honoré Raffin, garde du bois du seigneur duc d'Uzès
Bertrand Gallon ;
Claude Rossel ;
Etienne Arènes ;
Pierre Rossel [2] ;

« Il entendit crier le valet du prieur Etienne : sauve-moi la vie ; le dit valet cessa de crier après un coup de fusil qu'il entendit tirer ; il en avait entendu auparavant tirer dix ou douze coups de fusil, des femmes, des hommes et des enfants qui criaient : miséricorde ». Incendie de quarante-deux maisons.

---

[1] Ces derniers noms ne se trouvent pas dans cette liste, mais dans la supplique de Jacques Blachère, père de la femme de Jean Richard (Arch. int. C. 257). J'ai trouvé ainsi plusieurs cas où, lors d'une enquête générale, des habitants demandent un procès-verbal particulier.

[2] Cette seconde liste est certainement incomplète et ne mérite pas la créance que l'on doit accorder à la première. Il y a des lacunes. Ainsi les deux enfants de Jean Richard et d'Isabeau Blachère n'y figurent pas. Leur mort cependant ne peut faire de doute : elle est attestée par le grand père Jacques Blachère et l'oncle Joseph Richard (Voir note ci-dessus).

Saint-Jean des Pins (5 janvier 1703).

Les Camisards s'emparèrent de Jean Pascal, du mas Garric, le menèrent devant l'Eglise et lui tirèrent deux coups de fusil qui firent faux feu. Il réussit à s'échapper [1].

Pouls (13 janvier 1703).

Voici la liste que je crois complète des personnes tuées dans la nuit du 13 janvier.

Jean Combes, massacré dans l'Eglise ;

Barthélemy Boudon ;

Jean Saunier ; ses deux fils furent blessés à mort ;

Jean Palamer ;

Jean Altier (resta estropié de ses blessures) ;

Jean Mallian ;

Pascal Sabatier (massacré dans l'église).

Marguerite Chaberte ;

Simon Vignal [2].

Monteils (17 janvier 1703).

Le prieur Dominique Clapier dit qu'après avoir pillé l'église et le presbytère les Camisards « massacrèrent plusieurs anciens catholiques [3] ».

Dans sa supplique Jacques Clapier, bailie de Monteils, dit que sa fille Isabeau, âgée de 22 ans, fut tuée avec trois autres personnes [4].

Enfin dans l'interrogatoire d'Antoine Aberlenc, camisard [5], le juge lui demande si « avant ou après avoir brûlé la dite église (de Monteils) ils n'attachèrent le nommé Vigouroux, le femme d'Antoine le vieux, dudit Monteil, un maçon d'Alais appelé Petit Jean, ancien catholique, s'ils ne les conduisirent pas dans la maison de Clapier, bailie dudit lieu, où ayant trouvé Isabeau Clapier ils ne les tuèrent à coups de fusils ou baïonnettes. »

Cendras (20 janvier 1703).

Je n'ai pas trouvé une enquête générale sur ce massacre célèbre. Pour sauver de l'oubli quelques noms des victimes je suis obbligé de glaner dans les liasses.

---

[1] Arch. int. C. 261.

[2] Arch. int. C. 262.

[3] Arch. int. C. 253.

[4] Arch. int. C. 264.

[5] Arch. int. C. 184.

Voici d'abord un document : c'est une lettre de Labruguière à Lamoignon [1].

Monseigneur,

Vous m'avez fait l'honneur de m'envoyer une lettre des
consuls de Cendras dans laquelle ils vous exposent dans
l'état pitoyable où ils sont réduits, et hors de moyens de
payer la taille et la capitation, quoique la lettre, que
Monsieur de Minejol leur a écrite, les y veuille obliger.
Vous me marquez aussi, Monseigneur, par la lettre que
vous m'avez fait l'honneur de m'écrire, de vous informer
des dommages qu'ils ont reçus des fanatiques, et de vous
envoyer un véritable rapport pour les en décharger s'il
y a lieu. Vous me permettrez, Monseigneur, s'il vous plaît,
de vous dire que les malheureux rebelles massacrèrent,
dans une seule nuit, vingt-cinq anciens catholiques de la
dite paroisse, et brûlèrent autant de leurs maisons, où
l'abbaye de Cendras ne fut pas épargnée ; que les anciens
catholiques qui restèrent, vinrent se réfugier en cette
ville, où ils ont resté longtemps, vivant de la charité que
vous aviez la bonté de leur faire distribuer ; que ces
fanatiques continuaient leurs meurtres dans la suite, et
que les maisons des nouveaux convertis bien intentionnés
ne furent pas à couvert de leurs incendies. Il est vrai,
Monseigneur, qu'il en reste quelques-uns tant des vieux
que des nouveaux Catholiques qui n'ont pas été endom-
magés. Vous aurez la bonté de leur accorder la grâce qui
sera de votre bon plaisir... à Alais ce 17 octobre 1703.

Voici maintenant quelques noms.
Dans la supplique de Jean Jaussand [2] je relève :
François Corbessas, rentier de Jaussand,
Jeanne Fraissinette, sa femme, enceinte de huit mois,
et leurs cinq enfants.
Dans la supplique de Jacques Légal [3] :
David Légal, père du suppliant,
Antoine Michel, beau-père du suppliant ;

[1] Arch. int. C. 186.
[2] Arch. int. C. 255 : ce verbal est du 21 janvier 1703.
[3] Arch. int. C. 256.

Dans la supplique d'Antoine Gasaix [1] :

Louis Gasaix, son père,

Louise Boissière, sa mère,

Madeleine et Louise ses sœurs ;

Dans la supplique de François Cabanis [2] :

Jean Bonnafous,

Catherine Bonnafous, petite-fille du précédent,

Jean Bonnafous, petit-fils blessé à mort ;

Dans la supplique d'Antoine Alcais [3], on y lit que les « scélérats » le cherchèrent « pour le faire mourir d'un supplice aussi terrible que celui qu'ils inventèrent pour faire mourir Pierre Alcais son frère. »

Labruguière dit dans sa lettre que les fanatiques y re-revinrent et y « continuèrent leurs meurtres ». Je n'ai pas trouvé d'autres victimes, mais la supplique [4] de « pauvre homme Jacques Masbernard », ancien catholique de Malataverne, paroisse de Cendras, nous apprend que les Camisards y revinrent « le 27 août 1704 pour achever à égorger les anciens catholiques ».

Les suppliques des habitants de Cendras sont très nombreuses dans les liasses C. 252 à C. 268.

Saint-Jean de Marvéjols (Uzès) (29 janvier 1703).

Supplique de Simon Laborde, notaire [5]. Les fanatiques furent à Marvéjols le 29 janvier 1703 au nombre « de 700 à 800, sur les quatre heures du soir, si animés qu'ils tuèrent tous les anciens catholiques qu'ils purent trouver, y brûlèrent quatorze maisons, pillèrent les autres ». Dans la supplique de Joseph de Belleville on lit qu'ils brûlèrent ou tuèrent huit ou dix personnes [6].

Labastide de Virac (29 janvier 1703).

Six catholiques massacrés au pied de l'autel [7] :

Nicolas Jean ;

Jacques Rieu ;

[1] Arch. int. C. 261.
[2] Arch. int. C. 261.
[3] Arch. int. C. 261.
[4] Arch. int. C. 261.
[5] Arch. int. C. 261.
[6] Arch. int. C. 258.
[7] Arch. int. C. 260.

Louis Vincent;

Louis Rédarés;

André Vincent;

Noël Charmasson;

Massacrés « à coup de fusils et à coup de haches comme il est de notoriété publique et qu'il paraît encore par le reste du sang répandu sur le pavé avec grande effusion ».

Groupières (30 janvier, 1703).

« Plusieurs personnes ont été massacrées et tuées [1] ».

J'ai retrouvé les noms suivants :

Antoine Duplan;

La mère de Louis Gurgon;

François Tournaire;

Le maître d'école;

Nicolas Derrouret, blessé grièvement.

Je crois cette liste complète.

Sampzon (30 janvier 1703).

J'ai trouvé aux archives deux enquêtes sur ce brigandage [2]. L'une (n° 253), faite sur la plainte de Pierre Vermale juge et viguier au marquisat de Chambonas; l'autre (n° C. 259) faite sur la plainte des consuls. L'estimation des dégâts ne concorde pas; mais les deux enquêtes nomment les six victimes suivantes :

Jean Champetier;

André Père;

Vincent Garnier;

Jacques Broussette ou Broussède;

Jean Serre;

Jean Chautard;

Genolhac (2 février 1703).

Les suppliques des habitants de Genolhac sont fort nombreuses. Cette paroisse qui eut beaucoup à souffrir fournit cependant peu de victimes. Contre mon habitude, je dirai quelques mots du massacre de la garnison, le 2 février 1703.

Ce fut la troupe de Joanni qui accomplit cet exploit. Le 2 février, vers les huit heures du matin, il pénétra dans

---

[1] Arch. int. C. 268.

[2] Arch. int. C. 253 et C. 259.

la ville, à la tête d'environ quatre ou cinq cents hommes.

De la Perrière, capitaine, commandant la compagnie bourgeoise, fut tué dans la sortie qu'il fit pour s'opposer à leur entrée dans la ville [1]. Joanni resta dans la ville pendant quatorze jours. Le treizième, il attaqua le corps de garde que commandait le capitaine de Montlibert [2]. Il résista pendant quatre heures et fut tué avec plusieurs soldats ; le lieutenant se sauva à travers les flammes avec une douzaine d'hommes qui restaient. Le valet du capitaine fut blessé, « lequel s'étant traîné auprès de la rivière fut achevé de tuer, à ce qu'on dit, par les enfants du lieu de Genolhac [3] ».

Vers cette même époque, sans date précise, fut tué le rentier de Michel Folcher [4].

Enfin, dans sa supplique, Nicolas de Leyris nous apprend que, en septembre 1703, cinq deses métayers furent brûlés dans sa maison [5].

Saint-Etienne Delon (4 février 1703).

Dans sa supplique, Pierre Vispron, facturier de laine, nous apprend qu'après avoir brûlé l'église, les camisards massacrèrent plusieurs catholiques aux environs [6].

Mons (6 février 1703).

Etienne Viala,
Besse ;
La femme de Besse ;
La femme de Job ;
Tous quatre tués dans l'église [7].

Salindres (6 février 1703).

Claude Legalle dans sa déposition nous apprend que vers les trois heures du soir les Camisards arrivèrent. et que les catholiques se réfugièrent dans le château. Le château fut pris et elle vit tuer en sa présence :

Barthélemy Legal, son père,

[1] Arch. int. C. 184, C. 263, C. 254.
[2] Arch. int. C. 184.
[3] Arch. int. C. 184.
[4] Arch. int. C. 266.
[5] Arch. int. C. 256.
[6] Arch. int. C. 254.
[7] Arch. int. C. 184.

Isabeau Pialade, sa mère ;

Catherine Durante ;

« Ayant vu que, lorsqu'on eut tué son père d'un coup de fusil, on lui ouvrit avec une hache l'estomac et le ventre et qu'ils en sortirent les entrailles ». Elle-même est blessée au-dessus du sein droit [1].

Le 21 mars 1704 Pierre Peyraube est tué [2].

Vagnias (10 février 1703).

Les Camisards y massacrèrent plusieurs personnes ; je n'ai trouvé qu'un nom :

Marguerite Pagèse [3].

Chamborigaud (17 février 1703).

Je n'ai pas trouvé un récit général du massacre de Chamborigaud opéré par Joanni [4].

Dans sa première supplique [5], Dumazet nous apprend que les Camisards y tuèrent vingt-six personnes parmi lesquelles dix petits enfants. Dans sa seconde, il dit qu'il y a perdu sa femme et quatre petits enfants [6].

Chabert dans sa supplique dit que son valet fut tué [7].

Simon Dumas a perdu sa femme et ses trois enfants [8].

Volpelière a perdu sa femme et son enfant à la mamelle [9].

Henri Séguin fut tué le même jour [10].

Le 21 décembre 1702 avait été tué André Louches [11].

A ces morts il faut ajouter les sept muletiers tués par cette même bande qui avait opéré à Chamborigaud, « à demi chemin d'Alais à Vielvic » (village près de Villefort).

---

[1] Arch. int. C. 184 et aussi pour l'estimation des dégâts, C. 257.

[2] Arch. int. C. 257.

[3] Arch. int. C. 260.

[4] Labaume (p. 105) donne cette même date : il porte le nombre des victimes à vingt-quatre : l'abbé Mingaud à cinquante-sept. Comme toujours, c'est Labaume qui est le plus près de la vérité.

[5] Arch. int. C. 254.

[6] Arch. int. C. 253.

[7] Arch. int. C. 253.

[8] Arch. int. C. 263.

[9] Arch. int. C. 263.

[10] Arch. int. C. 265.

[11] Arch. int. C. 265.

Cet assassinat eut lieu « lè dernier samedi de carnaval de l'année » [1].

Fraissinet de Fourques (21 février 1703) [2].

Je publierai un jour le bel exploit de Roland, et cet homme, Castanet et Molines apparaîtront alors dans toute leur simplicité tels qu'ils furent. Le massacre de Saturargues est horrible ; je crois cependant que celui de Fraissinet de Fourques, bien qu'il y ait eu moins de victimes, le dépasse en scélératesse. Cette fois encore je demande au lecteur la permission de détourner les yeux des documents que je possède, de surmonter mon dégoût, et de me permettre de ne lui donner que les noms des pauvres victimes.

Liste des personnes tuées par la bande de Roland, Castanet et Molines le 21 février 1703.
La femme d'Olivier Mazauric ;
La belle-fille d'Olivier Mazauric ;
La femme d'André Boutal ;
La sœur de Jean Arbousset ;
François Combemale ;
Jean Combemale, fils du précédent ;
La femme de Jean Rodier ;
Guillaume Portalier ;
Claude Fornière ;
Jeanne Gout, fille de la précédente ;
Jeanne Arbousset ;
Jacques Laporte, fils de la précédente ;
Marguerite Laporte, sœur de Jacques ;
Jean Pic ;
Jeanne Rodier, belle-fille du précédent ;
Anne Boscary et ses trois fils, savoir :
Marie Virenaire ;
François Virenaire ;
Jean Virenaire ;
Jeanne Laporte, femme de Jean Arbousset ;
Marie Rodière ;

[1] Arch. int. C. 263.
[2] Les historiens donnent la date du 20 février : les habitants celle du 21 :
Labaume donne trente-quatre victimes, Mingaud cinquante. Jusqu'ici on ne connaissait le nom que de deux ou trois victimes.

Marie Portalier, fille de la précédente ;
Marguerite Combemale ;
Pierre Laurens ;
Jacques Pratlong ;
Jean Cabanel ;
Anne Boutal, femme de François Cabanel ;
Jean Clément ;
Anne Clément, fille de Jean Clément ;
Jeanne Laporte, femme de Jean Clément ;
Marguerite Fraissinette ;
Jeanne Virenaire, femme de Jean Valès ;
Jean Boscary ;
Jean Boutal, des Clauzels ;
Pierre Rodier ;
Blessés le même jour :
Jeanne Combemale ;
Jean Boutal ;
Antoinette Fraissinette, morte de ses blessures trois jours après le massacre ;

Dans l'interrogatoire que subirent quelques-uns des coupables, en mai 1703, le juge n'avoue que trente-quatre tués : la liste en porte trente-cinq : et, en y joignant Antoinette Fraissinette, nous trouvons trente-six victimes.

Autres victimes

Cette malheureuse paroisse a fourni encore six autres victimes, tuées après le 21 janvier 1703. Ce sont :

Jacques Portalier ;
Autre Jacques Portalier ;
Antoine Combemale ;
François Combemale ;
Jeanne Rodier, femme de Jacques Clément.
Jean Laporte [1].

Collet de Dèze (18 février 1703).

Dans la supplique de Gabriel Villaret, nous lisons que les fanatiques vinrent au Collet vers les onze heures du soir, et, après avoir brûlé toutes les maisons, tuèrent plusieurs catholiques [2].

[1] Arch. int. C. 252.
[2] Arch. int. C. 267.

Franquevaux et Saint-Gilles.

Je réunis sous ce même titre les divers massacres qui eurent lieu autour de Saint-Gilles et à Franquevaux. Les meurtres y furent très nombreux.

Le premier dont j'ai trouvé mention est celui de Langlois Antoine et de Guillaume Delort, tués le 2 mars 1703 [1]. Trois valets furent arrêtés avec eux puis relâchés. C'est à ces meurtres que doivent faire allusion l'abbé et les religieux de l'abbaye de Franquevaux dans leur supplique [2].

Le 13 mars 1703, sur les neuf heures du matin, Anglas de Massillargues est tué près de Franquevaux avec son valet [3].

Dans la nuit du 24 au 25 septembre 1703, les Camisards tuent Rivière à coup de haches et de bâtons, à la métairie d'Estagel, dépendant du chapitre de Saint-Gilles [4].

Enfin, le 13 novembre 1703, sur les quatre heures du soir, ils tuent plusieurs catholiques à la métairie de noble Hector de Cotelier [5].

Mas des Prats (5 mars 1703).

Sous ce titre je grouperai les divers massacres opérés dans les paroisses de saint André de Buèges et de saint Jean de Buèges [6].

Gros et sa fille se rendant au château de Saint Jean de Buèges où les catholiques se sont réfugiés, sont pris par les bandes de Roland avec un valet d'Olivier. Le prophète consulté sur leur sort, condamne seulement ce dernier, qui est exécuté avec quatre autres valets dans le cimetière de Saint André de Buèges [7].

Le même jour, ils tuent un autre valet du masage de Mastargues [8].

---

1 Arch. int. C. 184.

2 Arch. int. C. 267.

3 Arch. int. C. 184.

4 Arch. int. C. 252.

5 Arch. int. C. 255.

6 L'enquête ordonnée par l'intendant mentionne cinq valets, compris Mathieu Causse, massacrés dans le cimetière de Saint-André de Buèges. Les registres paroissiaux ne mentionnent que quatre enterrés dans ce cimetière ; voici les noms : Mathieu Causse, Barthelémy Baudran, Jacques et Grégoire Portalés, frères : *Note communiquée par l'abbé Reynes*, curé de Saint-André.

7 Arch. int. C. 252

8 Arch. int. C. 252.

C'est aussi à ce jour qu'il faut fixer l'assassinat de Mathieu Causse [1].

Saint Martin de Londres (6 mars 1703).
Au logis du Bosc, ils tuèrent [2] :
Alary ;
Pellisson ;
Rouveyrolles.

Ferrières (6 mars 1703).
Reboul, de Ferrières ;
Deux domestiques de Viala, de Ferrières ;
Coste, de Pompignan ;
et le valet ou soldat du sieur Coste, de Gignac ;
Déposition du prieur Ayrinhac [3].

Pompignan (6 mars 1703).
Fulcrand Despuech ;
Etienne Roussel ;
Claude Coste ; tous trois le 6 mars [4].
Jean Malabouche, massacré au lieu de Vaquières, l'été dernier (1703) [5].
Jean Sadoul, massacré en sortant de Durfort (sans date).
Déposition du consul de Pompignan [6].

Saint-Laurent d'Aigouze (16 mars 1703).
Pierre Grisot, curé : [7]
Les huit valets de Moïse Régis [8], sans date précise.

Valleraugue (22 mars 1703).
Jean Ménard, du lieu de Campredon, paroisse de Valleraugue [9].

Auzon (7 avril 1703).
Jacques Barry [10].

[1] Arch. int. C. 252.
[2] Arch. int. C. 255.
[3] Arch. int. C. 255 et aussi 260.
[4] Arch. int. C. 259.
[5] Arch. int. C. 259.
[6] Arch. int. C. 259.
[7] Arch. int. C. 258.
[8] Arch. int. C. 252.
[9] Arch. int. C. 263.
[10] Arch. int. C. 254.

Dans la supplique de Jeanne de Georges, veuve du seigneur d'Auzon, on lit que les Camisards, ce jour-là, firent plusieurs meurtres [1]. C'est à ce jour que je rapporterai le meurtre de :

Etienne Gard ;

Pierre Brueys ;

Pierre Félines, valets de Charles Chapelier [2].

Le 16 novembre 1703, ils pillent encore ce village et tuent le père de Louis Barry [3].

Aux Fumades, à côté de ce village, le 8 février 1703, Cavalier avait pris la femme de Simon Robert, ses six enfants et un valet ; le prophète fit mourir seulement ce dernier [4].

(Moulezan, 2 avril 1703).

Ce jour-là, les Camisards brûlèrent dans ce village trente maisons et y tuèrent seize personnes. J'ai retrouvé les noms suivants.

Le fils aîné de la veuve de Pierre Ribot, âgé de 18 ans ;

Le frère aîné de Mathieu Rey, âgé de 18 ans ;

Le fils aîné de Mathieu Héral, âgé de 18 ans ;

Marie Rieutor ;

Gilles Rey ;

Femme de Michel, « jetée dans le feu ».

Jean Dumas [5].

Au mois d'octobre 1703 :

Claude Persin [6].

« Le 24 janvier 1704 [7], les dits scélérats étant venus au dit Moulezan et dans la campagne pour prendre les bergers et autres qu'ils auraient pu attraper pour assouvir leur rage sur ce pauvre village, et même auraient pris et tué ce même jour le berger du sieur Jean Tempier, maire, et lui prirent onze moutons, et aussi une fille de la veuve de Pierre Ribot qu'ils avaient couverte de plaies à coups de haches et baïonnettes, croyant l'avoir tuée » [8].

[1] Arch. int. C. 265.

[2] Arch. int. C. 265.

[3] Arch. int. C. 265.

[4] Arch. int. C. 258.

[5] Arch. int. C. 259.

[6] Arch. int. C. 259.

[7] Arch. int. C. 259.

[8] Arch. int. C. 259.

Beauvoisin, le vendredi saint (7 avril 1703).
Thomas Trive [1] ;
Etienne Tillaret (sans date) [2] ;

Aureillac, (12 avril 1703).

Supplique de Joseph Gastaud, curé, pour Jacque Caze, « pauvre enfant orphelin âgé de trois ans et demi, son paroissien, lequel n'a nul parent ni autre ami que le suppliant » ; 12 avril 1703 : assassinat de son père et de sa mère ; 26 mars 1704 : assassinat de son grand-père [3].

Pradel (24 avril 1703).

Je n'ai trouvé aux archives que la mention de ce massacre, sans indication du nombre des victimes que Labaume porte à vingt [4].

Saint-Andéol (24 avril 1703).

Pierre Mathieu ;
Les deux fils de Noël Mathieu ;
La femme d'un des dits Noël ;
Levasseur ;
Jean Canonge ;
Jean Chevrier [5] ;

Saint-André de Valborgne (28 avril 1703).

Je mentionne ici Jacques Maleville, qui avait fait partie de la bande de Castanet ; il l'avait quitté depuis trois jours [6] après avoir promis à M. de Fesquet, seigneur du lieu, de ne plus recommencer. Sur son cadavre on trouva le billet suivant.

« C'est pour les bienfaits des déserteurs de Castanet ; autant en arrivera à tous ceux qui se rendront au château, comme aussi à tous qui les solliciteront ; adieu, Messieurs, votre très humble serviteur,   Castanet.

Saint-Jean de Gardonnenque (24 mai 1703).

Le père de Jacques Gervais [7].

---

[1] Arch. int. C. 255.
[2] Arch. int. C. 266.
[3] Arch. int. C. 267.
[4] Arch. int. C. 184.
[5] Arch. int. C. 184.
[6] Arch. int. C. 185.
[7] Arch. int. C. 257.

Guillaume Chassan (sans date) du mas d'Arbousse, paroisse de Saint-Jean [2].

Daniel Coutelle [2], je le place dans cette paroisse bien
que le lieu d'où il est originaire ne soit pas marqué au
procès-verbal, parce qu'il est fait sur la même feuille et
suit immédiatement celui de Chassan.

Métairie de Valsauve.

Le massacre de la métairie de Valsauve [3] est presque
inédit. On ne connaissait jusqu'à ce jour que le fait et la
date. Il y eut vingt et un tués et non dix-sept. Vu son intérêt, parce que ce haut fait fut accompli par Cavalier en
personne, on en trouvera le récit en entier aux pièces
justificatives.

Saumane (20 janvier 1703).

Antoine Fournier [4];

Méjanes (juillet 1703).

Clap, meunier [5].

Brouzet (13 août 1703).

Pierre Bouisson [6].
Claude Camp, tué le 11 décembre 1703 [7].

Vézenobres (22 août 1703).

Le valet,
Le souberger,
La servante,
du neveu de Jacques Prades, prieur de Valence [8].

La Cadière (27 août 1703).

Jean Rolland, il avait indiqué le chemin aux troupes du
Roi lors du combat de Pompignan [9].
Antoine Courtaillac, tué au Cros, fin mars 1703 [10].

---

[1] Arch. int. C. 257.
[2] Arch. int. C. 257.
[3] Arch. int. C. 260.
[4] Arch. int. C. 257.
[5] Arch. int. C. 261.
[6] Arch. int. C. 253.
[7] Arch. int. C. 258.
[8] Arch. int. C. 264.
[9] Arch. int. C. 262.
[10] Arch. int. C. 262.

La Calmette.

Un métayer,
et son berger [1]; le 10 septembre 1703;
Jacques Cabanne,
François Sabatier [2]; le 23 octobre 1703.
Autre Sabatier,
Valentin [3]; le 10 ou 12 mai 1704.

Montarent (12 septembre 1703).

Femme de Paul Larnac et ses quatre enfants, voici le
nom de trois :
Marie, âgée de 14 ans;
Isabeau, âgée de 9 ans;
Firmine, âgée de 17 ans;
Marie Larnac, âgée de 57 ans;
Catherine Courtin, âgée de 25 ans, enceinte,
Jean Chapelier, âgé de 80 ans;
La femme de Jean Chapelier, âgée de 70 ans;
Ces meurtres furent faits à Cruvières, paroisse de Mon-
tarent [4].

Potelières (12 septembre 1703).

Je ne citerai pas tout au long la supplique des consuls
« et des pauvres habitants qui restent encore au lieu de
Potelières » : je vais seulement la résumer [5].

Ce fut le soir du 12 septembre qu'eut lieu le massacre :
les Camisards n'étaient que 25 à 30.

Ils commencèrent par les maisons appelées le Mas,
« entrèrent dans la maison du nommé Jean Vermale,
tuèrent sa fille âgée d'environ 33 ans ». De là ils allèrent
à la maison de Pierre Bécus, « attachèrent le dit Pierre
Bécus et sa femme, tuèrent leur fille et baillèrent deux
grands coups de hache à leur fils, âgé d'environ 20 ans,
lesquels lui coupèrent les reins, qu'ils laissèrent sur la
place, le croyant mort », et emmenèrent le père et la mère
« dans la maison d'Antoine Vinissac; tout près de là
tuèrent la fille dudit Vinissac et son frère d'environ 40 ans,

[1] Arch. int. C. 253.
[2] Arch. int. C. 258.
[3] Arch. int. C. 185.
[4] Arch. int. C. 267.
[5] Arch. int. C. 267 : on en fait aussi mention dans la liasse C. 253.

la fille de 17 ans; ils y tuèrent aussi ledit Pierre Bécus et sa femme attachés ensemble ». De là ils vont sur la place publique, et se dispersent dans les maisons. Ils prennent Guillaume Guiraud, sa mère, sa femme et sa fille; Simon Beaujalas?; la veuve de Pierre Félines et ses deux filles; Isabeau Maurine, veuve d'Antoine Félines; Charles Martin, sa femme et son valet; Jeanne Thomasse, veuve de Charles Félines, et ses deux filles; Jean Félines et Anne Mathieu, de Plausoles, sa servante; un fils de M. de Malavas, officier dudit lieu, âgé d'environ 16 ans ». Ces prisonniers sont amenés attachés dans l'église, « où ils furent exécutés à coups de baïonnettes par un seul de ces scélérats, qui était éclairé par les autres... parmi lesquels massacrés se trouvent ledit Guillaume Guiraud, sa femme, Isabeau Maurine, une des filles de la veuve de Pierre Félines, les deux filles de Jeanne Thomasses, veuve de Pierre Félines qui ne sont pas encore morts, quoiqu'ils aient plusieurs coups de haches et baïonnettes, et dont on ne croit pas qu'ils puissent s'échapper ». Pendant ce temps, d'autres vont à la maison de Pierre Félines « âgé de 80 ans, dans le lit, détenu de ses douleurs, ayant avec lui un petit enfant de sa fille, mirent feu au lit où ils furent tous deux brûlés ». A la maison du baron d'Alais, ils prirent le nommé Jean Cassagnas, l'assommèrent à coups de bâton, et s'échappant d'eux, ils lui tirèrent un coup de fusil duquel coup il resta mort sur la place; baillèrent un coup de hache sur la tête de la femme dudit Cassagnas qui la tomba évanouie, ayant son petit enfant au bras; et puis, pour voir si elle était morte, lui baillèrent deux ou trois coups de baïonnettes qu'elle souffrit sans crier, ce qui fit qu'on la crut morte ».

Au total, 22 tués sans compter les blessés.

Malhac (13 septembre 1703).

Cette métairie appartenait au chapitre d'Uzès.

Marguerite Dumasse, femme de Legaud, fermier.

Guillaume Legaud, son fils;

André, berger;

Marie Legaud, fille puînée, blessée[1].

---

[1] Arch. int. C. 254 et C. 360.

Abbé du Chayla

Campagne (24 septembre 1703).

Ce château appartenait au chapitre de Nîmes.

Le 24 septembre, les Camisards y tuent 8 valets [1].

Le 26 du même mois 1703, ils tuent Jacques Durand à la métairie de Sagnan appartenant au même chapitre [2].

Aigues-Mortes (25 septembre 1703).

Les Camisards tuent à la métairie de Saint-Jean 6 valets et Antoine Baissade [3].

Saturargues et Saint-Sériès (20 septembre 1703 [4]).

Le récit du massacre de Saturargues a été publié par M. l'abbé Bousquet, actuellement professeur au grand séminaire de Montpellier, qui le premier a mis ce document au jour. M. l'abbé Couderc dans son livre : *Victimes des Camisards*, en a donné une copie qu'il a prise aux archives de la préfecture de Nîmes.

Tous les deux ont publié la liste d'après le curé de Saint-Sériès.

Aux pièces justificatives, on trouvera le rapport du juge Reboul : je donne la lis e des victimes, d'après cette enquête officielle, ordonnée par Lamoignon.

femme de Pierre Castel,

    et ses deux enfants ;

Demoiselle de Racoulin ;

    sa servante ;

la femme de Servent, enceinte,

    et un enfant de 4 ans ;

la veuve Dalary,

    et deux de ses filles ;

---

[1] Arch. int. C. 255.

[2] Arch. int. C. 255.

[3] Arch. int. C. 252.

[4] Tous les auteurs fixent au 20 septembre au soir le massacre de *Saturargues*. Labaume l'attribue à Cavalier. Grande divergence ensuite pour le nom des victimes. Louvreleuil donne 30 enfants, 15 hommes et 26 femmes ; Labaume, 80. Il y a enfin le récit du prieur de Saint-Sériès : il compte 60 tués : on le trouvera dans le livre de l'abbé Couderc ou l'histoire de Saturargues, par l'abbé Bousquet. Il y a des différences entre le procès-verbal et celui que je donne aux pièces justificatives. Celui du curé de Saint-Sériés est daté de Lunel, le 15 février 1704. Le procès-verbal de Reboul est fait en présence des victimes, dont les noms sont inscrits à mesure qu'elles sont reconnues. C'est donc là, je crois, la liste officielle et certaine.

Ozias Ribes,
>> sa belle-fille,
>> et ses deux petits-enfants ;

Etienne Marquès, baille,
>> et trois de ses enfants ;
>> sa femme, blessée à mort,
>> et deux autres enfants blessés à mort ;

Pierre Bataille,
>> et sa femme ;

La femme d'Etienne, consul ;

Michel Etienne ;

La femme de Fulcrand Rouvière ; leur fille, leur belle-fille avec son enfant ont été brûlés :

La femme de Jean Vessière,
>> et sa fille (« cette dernière vit encore », dit le
>> rapport.

Jean Bataille ;

La femme de Barthélemy Vache,
>> et sa fille :

La veuve Dalenc, blessée à mort,
>> et son fils tué ;

La veuve de Pierre Tondut ;

Léonard Marqués,
>> et sa fille ;

La femme de Pierre Tondut
>> et ses deux enfants ;

La femme de Valentin,
>> et son enfant de trois mois ;

Le nommé Combes,
>> et son enfant ;
>> et sa femme, blessée à mort ;

Pierre Mège,
>> sa femme blessée à mort,
>> son berger tué ;

La femme de Jean Bataille,
>> et ses deux enfants ;

La femme de Durand, enceinte ;

La femme de Despeisses,
>> et ses trois enfants ;

Antoine Marqués, père,
>> sa fille, femme de Bonissel,

et deux enfants de cette femme ;

Laurent Gruvel ;

Le nommé Lafleur ;

La veuve d'Antoine Jullian ;

Telle est la liste des victimes de Saturargues, et je crois qu'elle est la véritable. Il y a eñ effet quelques divergences entre celle que je publie et celle que donnent MM. Bousquet et Couderc. Or, cette liste est faite le lendemain du massacre ; les victimes ne sont pas encore enterrées : une blessée vit encore. La liste au contraire publiée par l'abbé Couderc est faite à Lunel le 15 février 1704 : c'est-à-dire six mois après l'événement.

Le même jour, à Saint-Sériès, il y eut onze personnes tuées ; ce sont :

Jean Penot,

      sa femme blessée ;

Pierre Lauton, consul,

      sa femme,

      et son enfant ;

Guillaume Méjan,

      sa femme,

      et ses deux enfants ;

La femme de Philibert Roux,

      et son enfant ;

Le berger de Mme de Saint-Sériès.

(Voir aux pièces justificatives le procès-verbal de ces deux massacres.)

Sommières (2 octobre 1703).

Dans sa supplique, Jean Nicol dit que les Camisards « tuèrent plusieurs personnes[1] ».

Je n'ai trouvé que deux noms :

Charles Cusson[2], blessé de deux coups de poignard, et la femme de Jean Deleuze, « égorgée, brûlée et réduite en cendres »[3].

Saint-Bresson (4 octobre 1703).

Antoine Dides ;

---

[1] Arch. int. C. 253

[2] Arch. int. C. 253.

[3] Arch. int. C. 252.

Etienne Massal [1].

Goudargues (5 octobre 1703).

Un berger d'Etienne Vignal ;
Trois filles d'Etienne Vignal ;
Une fille de François Vignal ;
La servante d'Antoine Vignal [2].

La Begude d'Auzon (6 octobre 1703.)

La mère de Jean Guiraud ;
Le père de Louis Passe [3].
Le 30 avril 1703, le frère de Jean Guiraud [4].

Montpezat (19 octobre 1703).

Le meunier ;
Un habitant de Crespian [5].

Tharaux (6 novembre 1703).

Jean Guiraud ;
Raymond Bernard [6].

Corconne (8 novembre 1703).

Louis Colomb ;
Françoise Malacombe, âgée de 15 ans ;
Jeanne Jacq, âgée de 16 ans ;
Gatherine Gilles, veuve ;
Une autre.
Tous cinq immolés dans un bois, près de Corconne, par ordre du prophète [7].

Arzenc (23 novembre 1703).

Le frère de Guillaume Dornec [8].

Uzès.

En novembre 1703, sans date du jour, assassinat près de Saint-Ambroix de la dame de la Tour de Mirmant, et de Daniel Armand, d'Uzès, qui le conduisait.

---

[1] Arch. int. C. 259 et 266.
[2] Arch. int. C. 258.
[3] Arch. int. C. 263.
[4] Arch. int. C. 263.
[5] Arch. int. C. 253.
[6] Arch. int. C. 264.
[7] Arch. int. C. 258.
[8] Arch. int. C. 264.

Jean Roux, beau-père d'Armand, avait été tué quelque temps auparavant [1].

Le Pompidou (13 décembre 1703).
Le père d'Antoine Tinel [2].

N.-D. de la Rouvière (en janvier et février 1704).
Pierre Boudon ;
Pierre Vals [3].

Generac (8 février 1704).
Marc Tempier ;
Michel Mouressac ; [4]
Le 8 février 1704, entre Beauvoisin et Génerac :
Jacques Elziac ;
Louis Galon ;
Le maître d'école de Génerac ;
Un chaudronnier [5].

Saint-Privas-des-Vieux (27 février 1704).
Robert Carreiron [6] (le 27 février 1705).
Château de Saint-Paul de Courtaison (29 février 1704).
Le fermier ;
Les valets ;
et les domestiques [7].

Bellegarde et Manduel (29 février 1704).
Guiot, rentier de la métairie de Carlac (terroir de Bellegarde);
ses deux enfants,
et tous ses bergers [8].
Dans le terroir de Manduel, dans la métairie de Jeanne de Rahmon de Saint-Etienne.
Etienne Granier, rentier ;
Catherine Galafre ;
et leur enfant ; [9]

[1] Arch. int. C. 266.
[2] Arch. iut. C. 258.
[3] Arch. int. C. 261.
[4] Arch. int. C. 258.
[5] Arch. int. C. 258.
[6] Arch. int. C. 257.
[7] Arch. int. C. 259.
[8] Arch. int. C. 257.
[9] Arch. int. C. 259.

Et dans la supplique de Jean Froment de Manduel on lit que les fanatiques sont passés plusieurs fois à sa maison de Rodillan « et fait plusieurs meurtres [1] » (sans date).

Beaucaire (29 février 1704).

A la métairie des dames Ursulines de Beaucaire :
Jean Honorat,
>   son fils,
>   sa belle-fille,
>   trois bergers,
>   et un goujat [2].

A la métairie du sieu Garrigue (même jour).
Pierre Fresse [3] et ses goujats ;

A la métairie de M. Despourcelets [4] (même jour) ;
>   le rentier,
>   sa femme,
>   son fils,
>   sa fille,
>   son beau-fils et le berger ;

A la métairie du sieur Pierre de Tieuloy [5] :
quatre domestiques (sans date).
Le même jour (29 février), sont tués :
Jean Fiol, baille de cette métairie,
Pierre Fiol, son fils,
>   un berger,
>   et la nommée Donne Rousse [6].

Massillargues (10 mars 1704).
Jacques Bernard (guérit de ses blessures ;
>   son compagnon, tué [7].

Rauret (11 mars 1704).
Pierre Garonne [8].

---

[1] Arch. int. C. 266.
[2] Arch. int. C. 260.
[3] Arch. int. C. 260.
[4] Arch. int. C. 260.
[5] Arch. int. C. 258.
[6] Arch. int. C. 258.
[7] Arch. int. C. 186.
[8] Arch. int. C. 262.

Mauressargues (12 mars 1704).
Etienne Jalaguier [1].

Saint-Geniès (11 avril 1704).
Les Camisards y tuent le curé et « plusieurs anciens catholiques » [2], parmi lesquels j'ai trouvé : le fils de M. Viala, notaire [3];

Un fusilier [4].

Deux mois après, dans le bois de la Candoulière :
Pierre Teissier, chirurgien ;
Jean Roque, son neveu [5].

Arrigas (7 mai 1704).
Sept tués parmi lesquels le fils de François Vernet [6].

Pour les localités suivantes, la date n'était pas marquée dans les suppliques ou les procès-verbaux :

Aulas.
Le père de David Martin, du hameau de Serres [7];
Le père de M. de la Gardiolle [8].

Barron.
Le frère d'Etienne Clary, prieur.
Le neveu d'Etienne Clary, prieur [9].

Domessargues.
Catherine Cordier, servante du prieur [10].

Fraissinet de Lozère.
Pierre Folcher, notaire ;
Jacques Cabanes ;
Marie Firmini [11];
tous trois tués à Runes, paroisse de Fraissinet de Lozère.

[1] Arch. int. C. 257.
[2] Arch. int. C. 261.
[3] Arch. int. C. 259.
[4] Arch. int. C. 259.
[5] Arch. int. C. 262.
[6] Arch. int. C. 265.
[7] Arch. int. C. 257.
[8] Arch. int. C. 256.
[9] Arch. int. C. 263.
[10] Arch. int. C. 186.
[11] Arch. int. C. 257 et 263.

Fons outre Gardon :

Jean Coutière ;
Le fils de Blaise Fabre [1].

Labruguière.

« Les rebelles y ont massacré quelques habitants, brûlé quasi toutes les maisons [2] ».

Mialet.

Grégoire Vidal, prieur [3] ;
Pierre Lafon ;
Jacques Lafon, fils du précédent [4].

Nîmes (environs de Nîmes)

André Dijol (brûlé dans sa métairie) avec son fils aîné [5].

Parignargues.

Les Camisards furent deux fois dans cette paroisse, le 25 février 1703 et le 4 octobre 1703. C'est à l'une de ces deux dates qu'il faut rapporter les meurtres suivants :

le fils de la veuve Sicard ;
le beau-père de Jean Favède ;
le frère d'Antoine Jouve ;
le fils de Jean Carrière ;
le père de Marguerite Langlade [6].

Peyrolles.

Pierre Gautier, père du prieur [7].

Soustelle.

Dans la supplique de Pierre Sabatier, nous lisons qu'il a dû se réfugier à Alais « pour s'empêcher d'être tué comme les autres anciens catholiques » [8].

Saint-Hilaire de Lavil.

Jean Espaniac, du lieu de Leizières, paroisse de Saint-Hilaire : dangereusement blessé [9].

[1] Arch. int. C. 266.
[2] Arch. int. C. 265.
[3] Arch. int. C. 265.
[4] Arch. int. C. 257.
[5] Arch. int. C. 262.
[6] Arch. int. G. 266.
[7] Arch. int. C. 257.
[8] Arch. int. C. 261.
[9] Arch. int. C. 265.

Saint-Jean de Fos.

Jean Galibert[1] fut tué, dit la supplique, fin carnaval 1704.

Un des muletiers tués à Chamborigaud (voir plus haut) était de Saint-Jean de Fos.

Saint-Julien d'Arpaon.

Salomon Gardès (le même dont on trouve la déposition aux pièces justificatives sur l'assassinat de l'abbé du Chayla)[2].

Saint-Mamet.

Le curé ;
le mari de la veuve Peyron ;
le mari de Bonnevide,
    et son fils aîné ;
Le mari de Bouet ;
Le mari de Brassac,
    et les deux frères de cette femme,
Le père de Louise Salines,
    sa mère,
    son frère,
    et son oncle ;
La mère de la veuve de Vitalis Théron ;
La mère de Jacques Bouet ;
Le fils de la veuve de François Bouet ;
Le frère d'Antoine Meynier[3].

Saint-Marcel de Fonfouillouse.

Louis Rousset[4].

Saint-Maurice de Ventalon.

César Gardès[5].

Saint-Martin de Bobaux.

Gilles Lapize, curé ;
Bastide David ;
Le frère d'Annibal Ducamp[6].

[1] Arch. int. C. 264.
[2] Arch. int. C. 257 et 258.
[3] Arch. int. C. 266.
[4] Arch. int. C. 258.
[5] Arch. int. C. 267.
[6] Arch. int. C. 257.

Saint-Privat de Vallongue.

Le fils d'André Gardès [1].

J'ajouterai à cette liste deux noms :

Paul Viala était procureur pour sa majesté en la ville et viguerie de Sommières. Le 7 novembre 1702, Lamoignon le chargea de faire une enquête sur les assassinats et les incendies dans les diocèses de Mende, d'Alais et d'Uzès. Il n'eut pas le temps de les mettre au net. Il fut tué le 13 mai 1704 par la bande de Roland. Il portait 4.348 livres 16 sols qui lui furent volés [2].

Les procès-verbaux de Viala sont épars dans les diverses liasses (252 à 268). Lefebure, avocat de Saint-Jean de Gardonnenque, les réunit par ordre de l'intendant, et ils se trouvent dans la liasse, c. 257 paraphés par Lefebure.

Enfin je veux tirer de l'oubli le nom du curé de Sénilhac. Il s'appelait Louis Granier et non Pradier. Pourvu d'un canonicat en la collégiale de Beaucaire, il le résigna à Jacques Aillaud pour une pension de « cent cinquante quinze livres ». Il fut curé de Garrigues (Uzès), et obligé de quitter sa paroisse à cause des Camisards qui lui brûlèrent son église et son presbytère.

Le curé de Sénilhac, ayant quitté sa paroisse, Granier alla y remplir les devoirs du ministère. Le 6 août 1703 il fut tué par les Camisards « à coups de fusils et de pierres, lui ayant écrasé sa tête, brisé son corps... et de ce, non contents, brûlèrent l'église, la maison du prieur du dit lieu et tous les effets dudit M. Granier, sans qu'aucun des habitants dudit lieu lui donnât aucun secours » [3].

Voilà la liste des victimes que j'ai pu me procurer. Elles méritent que l'histoire s'occupe d'elles, et transmette au moins leur nom. Presque toutes jusqu'ici étaient inconnues, et attendaient dans l'oubli qu'un homme levât le voile épais que les historiens, se faisant les complices de leurs bourreaux, ont jeté sur elles.

Certes, la liste n'est pas complète, tant s'en faut. Beaucoup de pièces ont été perdues, et peut-être ne les retrouvera-t-on jamais. Nous serons donc obligés encore de nous rapporter aux contemporains pour connaître les

[1] Arch. int. C. 266.
[2] Arch. int. C. 186.
[3] Arch. int. C. 252.

crimes que les Camisards commirent de sang-froid avec une atrocité inouïe.

Ai-je diminué la valeur historique et l'autorité des écrivains catholiques contemporains ? Nullement. Je crois au contraire l'avoir appuyée, en faisant sortir de la poussière des archives ces témoignages de parents ou d'amis, venant confirmer ce que nous avaient dit Labaume, Louvreleuil, Brueys, Valette.

Ils ne se sont pas trompés en nous racontant les exploits de ces hommes, devant qui les historiens modernes se prosternent, et que tous les contemporains appellent des « scélérats ». Le massacre de Fraissinet de Fourques opéré par Roland, celui de Valsauve opéré par Cavalier, nous donnent une idée de la valeur morale de ces hommes. N'en déplaise à M. Doumergue, la lumière se fera complète sur cette guerre des Camisards, et aussi sur les années qui suivirent immédiatement l'édit de Révocation : chacun portera sa part de responsabilités.

En attendant, l'histoire se souviendra de ces 600 victimes dont on ne pourra contester l'existence. Il y en a d'autres dont je n'ai pas trouvé le nom aux archives. M. l'abbé Couderc, ayant très bien résumé l'état de la question, jusqu'à la publication de cette étude, je ne puis que renvoyer à son livre. Je fais cependant toujours les mêmes restrictions : la matérialité du fait est incontestable ; il peut y avoir des erreurs accidentelles soit sur le nombre des victimes, soit aussi sur la date exacte et précise, soit même quelquefois sur le nom, comme je l'ai démontré pour le curé de Sénilhac. Le 6 août 1703, il y a eu un curé tué à Sénilhac ; c'est ce que disent les historiens contemporains ; les archives confirment le fait. Ce curé ne s'appelait pas Pradier, mais bien Louis Granier. L'enquête a été faite sur la plainte de sa sœur qui devait savoir son nom.

MASSACRE DE VALSAUVE

Le procès-verbal porte la date du 5 juillet 1703.

Gabriel Broche se présente devant Michel Barthélemy Du Serre, lieutenant du juge en la justice ordinaire de Valsauve, à 5 heures du matin, ensanglanté et les mains encore liées, et le prie de venir vite à la métairie.

Le lieutenant du juge se rend aussitôt à Bagnols pour y voir l'abbesse dont dépend la métairie ; puis arrive à la métairie de Valsauve où Catherine Bonnamour, veuve de Sébastien Broche et mère de Gabriel, lui fait le récit suivant (je cite le document).

« Hier au soir, environ les neuf heures, son feu mari, elle et ses enfants au sortir du souper, leurs domestiques au nombre de douze et les moissonneurs, ils se rendirent tous à l'aire de la dite métairie, et comme chacun prenait ses petits divertissements comme font ordinairement ceux qui travaillent à la campagne, ils se virent tout à coup entourés de toutes parts par des gens armés de fusils, pistolets, épées et baïonnettes, ce qui les épouvanta ; et un de la troupe qui en était le commandant, qu'on nommait Cavalier, vint à eux et leur dit ces mêmes mots : Messieurs, vous vous divertissez bien ici ; et le dit feu Broche son mari s'approcha de lui et lui demanda ce qu'il voulait. Ledit Cavalier répliqua et ordonna que personne ne quittât l'endroit où ils étaient et que si quelqu'un entreprenait de fuir il ferait tirer dessus ; qu'il n'était pas là pour leur faire aucun mal ; qu'il voulait seulement qu'on fît boire ses gens et lui aussi qui en avait besoin. Le dit Cavalier était fort bien vêtu, et avait un plumeau à son chapeau ; ayant une grosse troupe de gens armés à ses côtés et derrière lui, lequel demanda où était Broche le fermier. Son dit feu mari s'avança encore devers le dit Cavalier et lui dit que c'était lui qui était le fermier de madame l'abbesse et ayant demandé au dit Cavalier ce qu'il désirait de lui et ce qu'il voulait lui dire, ledit Cavalier lui répondit ces mêmes mots : mon ami, n'appréhendez rien, il ne vous sera fait aucun mal : je ne vous demande que des cordes.

Pour lors le dit feu Broche, son mari, lui en ayant baille le dit Cavalier lui réitira les mêmes choses qu'il ne lui serait fait aucun mal, et le nommé Marchant qui est nouveau converti en assura aussi le dit feu Broche son mari : le dit Marchant avait resté longtemps dans la dite métairie aux frais et dépens dudit Broche, lui promettant toujours qu'on n'attenterait pas à la dite métairie pendant qu'il y serait. Cependant il était avec les dits rebelles et dès que le dit Cavalier eut eu les cordes, il commanda à ceux de sa troupe d'attacher deux à deux tous les hommes qui étaient dans ladite aire et de commencer par ledit feu Broche et son fils. Ce qu'il fut exécuté d'abord et ne laissait pas de dire toujours qu'il ne leur serait fait aucun mal.

Après qu'on les eut ainsi attachés, le dit Cavalier commanda à partie de sa troupe de les bien garder et ordonna que si quelqu'un faisait le moindre semblant de vouloir fuir, d'y tirer dessus ; après quoi il entra avec une autre partie de sa troupe dans la dite métairie. La plaignante y étant aussi entrée, ils lui demandèrent à boire ; elle leur en offrit et demandait toujours au dit Cavalier grâce pour son mari ; et le dit Cavalier le lui promettait, elle leur fit apporter du pain et du vin ; ils burent tous sans s'asseoir.

Ensuite le dit Cavalier prit une hache pour enfoncer un coffre, et effectivement le fit enfoncer, et prit tout l'argent qui s'y trouva, et que son dit feu mari y avait mis, il n'y avait que deux ou trois jours ; la somme était considérable, étant l'argent provenant de la vente des cocons, de laine et de la rusque ou écorce du bois que le dit feu son mari avait vendus, il y avait 800 livres [1]. Le dit cavalier prit

---

[1] La supplique de Gabriel Broche (même liasse), déposée le 17 avril 1705, nous apprend que son père avait pris Marchand pour sauvegarde ; que quand ce dernier

la dite somme et fit prendre aussi tout le linge qui se trouva dans le coffre ; il fit aussi enfoncer deux autres coffres qui étaient remplis de toutes sortes de linge, tant pour la table, le lit que pour les personnes, et l'ayant fait sortir et mettre sur le pavé il prit toutes les chemises et les distribua à sa troupe autant qu'il s'en trouva et leur fit quitter les chemises sales et en prendre de blanches, les faisant venir pour cela les uns après les autres.

Il fit emporter le reste du linge, ensemble les habits, les chapeaux, les souliers de son dit feu mari, de ses enfants et de ses domestiques. Après quoi, le dit Cavalier voulut voir toutes les chambres de la dite métairie et par exprès l'appartement de Madame l'abbesse, et, pour ce faire, il ordonna à la nièce du dit feu son mari, qui est une jeune fille de quatorze à quinze ans, de l'emmener dans les dites chambres et appartements, et, les ayant parcourus, il serait retourné avec sa troupe à la cuisine, où il fit prendre quatre fusils qui appartenaient au dit Broche son mari.

Lorsque cela fut ainsi exécuté, Cavalier et sa troupe sortirent de la basse-cour, et, pour lors, un nommé *La Jeunesse* qui se disait officier de la troupe recommanda à toutes les femmes et filles qui étaient dans la dite métairie de bien fermer les portes, les menaçant que si elles sortaient on les tuerait et étant dehors le dit Cavalier se mit sous un mûrier qui est devant la dite métairie du côté du midi et environ à trente pas de l'endroit où ces pauvres malheureux étaient attachés et ayant appelé *La Jeunesse* il lui ordonna de les faire mettre tous à genoux : lesquels le dit *La Jeunesse* fit en leur disant de prier Dieu. Un moment après le dit *La Jeunesse* les fit lever et les aurait fait ranger en haie deux à deux, et pour lors il dit à ceux de sa troupe de tirer dessus ; les dits Broche père et fils firent ce qu'ils purent pour fuir et éviter la mort : on tira sur eux et le père fut jeté sur le carreau ; son fils s'échappa et se jeta dans un blé, et de vingt-trois personnes qui étaient attachées, il n'y eut que le dit Broche son fils et

apprit que le premier avait touché 750 livres (et non 800) de la vente il alla chercher Cavalier. L'estimation des dégâts faite le 5 juillet 1703 fut mal faite, elle se montait à 2.613 livres 12 sols. C'est ce qui explique la nouvelle supplique du fils. Les dégâts furent alors estimés 1.744 livres.

un jeune homme de Saint-Pons de la Camp qui en aient échappé, les autres ont tous été tués ou blessés à mort ; et ce qui est encore de plus cruel, c'est qu'après avoir fait deux décharges de fusils et de pistolets sur eux, ils prirent des barres de bois et de baïonnettes desquelles ils les frappaient indifféremment ; qu'enfin ces scélérats après tant de coups de feü, de barres et de baïonnettes, les croyant tous morts, le dit *La Jeunesse*, levant les yeux en haut, en invoquant le Saint-Esprit, lui demandait de le venir aider d'achever de tuer.

Après quoi ils fouillèrent dans les poches de tous les morts et mourants ; ils leurs ôtèrent leurs habits, leurs chapeaux et leurs souliers à la plus grande partie ; étant à remarquer que deux femmes du lieu de Collongres qui étaient proches la dite métairie rapportèrent avoir vu un homme qui conduisait deux mules et était au-dessous de la dite métairie et attendait les dits rebelles pour charger les dites mules de tout ce qu'on avait pris dans la dite métairie, ce qui fut ainsi fait et cet homme avec ses mules chargées furent conduits par ces rebelles et passèrent au chemin appelé la Charrion par où l'on va à Lussan et à Saint-Ambroix.

Après que les dits scélérats furent partis la dite plaignante s'en alla à l'endroit où l'on avait massacré son mari et les autres, accompagnée de son fils, de ses filles, de sa nièce et autres femmes qui se trouvèrent dans la métairie ; et étant sur le lieu elles auraient trouvé son mari mort de deux coups de fusils dans le corps et sa tête écrasée de coups de barre et son corps percé de plusieurs coups de baïonnettes... »

Arch. int. C. 260.

MASSACRE DE SATURARGUES ET DE SAINT-SÉRIÈS

L'an mil sept cent trois et le 21ᵉ jour de septembre, par devant nous Antoine Reboul, conseiller du Roi, juge civil et criminel de la ville et viguerie de Lunel dans notre maison d'habitation heure dix avant midi.

Est comparu par devant nous M. Claude Froment, procureur du Roi en la cour qui nous a dit que la nuit passée une grande troupe des rebelles scélérats fanatiques ont fait descente aux lieux de Saturargues et Saint-Sériès dans notre juridiction ; ils ne se sont pas contentés seulement de brûler tous les dits lieux, qu'ils ont encore poignardé, brûlé dans l'incendie des dites maisons, hommes, femmes, filles et petits enfants, à l'exception de quelques-uns qui se seraient heureusement sauvés, à cause de quoi requiert qu'il nous plaise vouloir nous transporter aux dits lieux pour voir et vérifier la désolation et l'état pitoyable du débris des dites maisons et le nombre des corps morts qui ont été tués et brûlés et des blessés, et du tout, charger notre procédure ;

Nous, Reboul, notre verbail demeurant chargé du dire dudit sieur Procureur du Roi faisant droit à ses réquisitions, avons offert nous transporter aux dits lieux de Saturargues et Saint-Sériès à l'effet requis, et à l'instant nous sommes allés audit Saturargues, en compagnie du sieur Fontalieu que nous avons pris pour greffier d'office, en l'absence de Comminhes, greffier en la cour, où étant et à la place publique où nous avons mis pied à terre ;

Est aussi comparu par devant nous, Laurent Etienne, consul du dit lieu, qui nous a dit que la nuit passée le présent lieu a été brûlé ainsi que nous voyons les maisons brûlant actuellement, par les rebelles scélérats. Quasi tous les habitants ont été tués, poignardés ou brûlés, jusque même aux petits enfants à la mamelle, avec toute la rage et toute la cruauté qu'on puisse imaginer, partie de leurs bestiaux enlevés et l'autre partie avec toutes leurs denrées comme grains, vin, huile et généralement tous leurs effets ont été pareillement brûlés, et leur argent pillé et enlevé, en telle sorte que quelques habitants qui auraient eu moyen de s'évader après avoir essuyé plusieurs coups de fusil et quelques blessures, se trouvent maintenant sans maison, meubles et effets, denrées et argent pour pouvoir vivre ni s'alimenter, non pas même en état de faire leur vendange, leur vaisselle vinaire ayant été brûlée, qu'enfin ils n'ont présentement aucun asile ni retraite ni aucun moyen pour pouvoir cultiver et semer leurs terres, leurs dits bestiaux ayant été enlevés ou brûlés, leurs grains destinés pour la semence brûlés et pour qu'il apparaisse de tout ce dessus, et que nous puissions charger notre procédure des corps brûlés ou blessés qui sont dans les rues ou dans le débris des dites maisons, nous a requis nous y transporter.

Et à l'instant avec le dit Fontalieu, greffier d'office, du dit Etienne consul, et de quelques autres habitants, avons parcouru le dit lieu et trouvé l'état des choses et des corps morts et blessés suivant le rapport du dit Etienne consul, des noms suivants :

Premièrement : la femme de Pierre Castel a été tuée et deux jeunes de ses enfants, l'un d'un an, l'autre de quatre.

La demoiselle de Racoulin et sa servante ont été tuées et sa maison brûlée.

La femme de Servent, enceinte, et un enfant de quatre ans ont été poignardés et tués et sa maison brûlée.

La veuve Dalary et deux siennes filles, l'une de sept années et l'autre de quinze ont été poignardées et leur maison brûlée.

Ozias Ribes, décrépit, âgé de 80 ans, a été brûlé dans l'écurie de son fils. La femme de son fils et deux jeunes enfants poignardés et brûlés dans leur maison.

Etienne Marqués, baille, a été tué à coups de fusils et trois de ses enfants poignardés et tués ; sa femme et deux autres enfants blessés à mort et leur maison brûlée.

Pierre Bataille a été poignardé et brûlé, et sa femme poignardée et brûlée, et leur maison brûlée.

La femme du dit Etienne, consul, a été brûlée dans sa maison.

Michel Etienne a été brûlé.

La femme de Fulcrand Rouvière, leur fille, leur belle-fille avec son enfant ont été brûlés.

La femme de Jean Vessière et sa fille ont été poignardées ; cette dernière vit encore et leur maison brûlée.

Jean Bataille, âgé de 80 ans, estropié, à été brûlé dans son lit.

La femme de Barthélemy Gache et sa fille ont été brûlées dans leur maison.

La veuve Dalenc a été blessée à mort, son fils poignardé et tué et sa maison brûlée.

La veuve de Pierre Tondut a été poignardée et tuée et sa maison brûlée.

Léonard Marquès a été brûlé avec sa fille dans sa maison.

La femme de Pierre Tondut, cardeur, et deux siens enfants ont été poignardés et brûlés et la maison brûlée.

La femme de Valentin et un enfant de trois mois ont été dagués et tués et sa maison brûlée.

Le nommé Combes a été poignardé et tué avec son enfant, sa femme blessée à mort et sa maison brûlée.

Pierre Mège a été fusillé et tué : sa femme blessée à mort leur berger brûlé et leur maison brûlée.

La femme de Jean Bataille et deux jeunes enfants ont été poignardés et leur maison brûlée.

La femme de Durand, maçon, enceinte, a été poignardée et tuée et sa maison brûlée.

La femme de Despeisses et trois enfants poignardés et tués et sa maison brûlée.

Antoine Marquès père vieux, sa fille, femme de Bonissel, et deux enfants d'icelle ont été poignardés et sa maison brûlée.

Laurent Gruvel a été poignardé.

Le nommé Lafleur, garde-chasse de M. de Rochemore a été poignardé.

La veuve d'Antoine Jullian a été poignardée et brûlée.

La maison de Laurent Guiraud a été brûlée et lui ont amené deux mules.

La maison de Pierre Fournès a été aussi brûlée.

La maison de Marquès, maréchal, a été aussi brûlée.

La maison de Jean Viala a été aussi brûlée.

La pallière de Guillaume Marrazeïl avec ses deux mules ont été aussi brûlées.

La maison de Louis Lapierre a été brûlée.

La maison de la veuve de Jean Deffour a été brûlée.

La maison de Pierre Tondut, cardeur jeune, a été brûlée.

La maison de Guillaume Castel a été aussi brûlée.

La maison de la veuve de Pierre Marquès a été aussi brûlée.

La maison de Mme de Saint-Sériés a été brûlée.

La maison de Jean Grivel a été brûlée.

La maison de Jean Sabatier a été brûlée avec sa mule.

La maison de Jean Bruguière a été brûlée.

La maison de Pierre Pignal a été brûlée.

La maison de Mme de Saint-Sériès la jeune a été brûlée.

La maison de Pierre Paulet a été aussi brûlée.

Ont été brûlées trois bourriques de Pierre Tondut vieux.

Le dit Etienne consul nous a requis de vouloir charger notre procédure des dits corps morts en nombre de soixante et des maisons brûlées au nombre de trente-cinq, ainsi que nous aurions vérifié, pour leur servir et valoir ainsi qu'il appartiendra. Nous dit Reboul, juge, avons chargé de tout ce dessus notre procédure pour servir et valoir au dit procureur du Roi ainsi qu'il appartiendra et au dit Etienne consul.

Ce fait nous dit juge avec le dit sieur Fontalieu, greffier d'office, sommes allés au dit Saint-Sériès, où étant en continuant notre procédure,

Serait comparu François Gervais, baille du dit lieu, qui nous a dit que la nuit passée les rebelles scélérats fanatiques en grand nombre sont venus dans le présent lieu, tous armés, et après avoir enfoncé les portes des maisons à coups de mail et de haches, ils ont tué environ onze personnes, et brûlé toutes les maisons avec leurs appartenances et dépendances comme celliers, greniers et écuries, et de plus brûlé tous leurs meubles, denrées, bestiaux, fourrage, et emporté tout leur argent et autres effets, et, afin qu'il apparaisse de tout ce dessus, requiert en la dite qualité de baille et comme un des principaux habitants qui restent au dit lieu, le nommé Pierre Lauton, consul, ayant été tué, de vouloir nous transporter dans les dites maisons brûlées que nous voyons, où les dits corps morts sont encore et du tout en charger notre procédure.

Et, à l'instant, nous dit juge, suivant les réquisitions dudit Gervais baille, accompagné dudit Fontalieu, greffier d'office, et suivi dudit Gervais baille, sommes allés dans les dites maisons brûlées et dans lesquelles avons trouvé plusieurs corps morts que ledit Gervais baille nous a dit être et avoir été tués comme suit :

Premièrement : Jean Perrot, maréchal, a été tué dans sa maison à coups de hache, sa femme blessée et sa maison entièrement brûlée.

Pierre Lauton, consul, a été tué dans sa maison à coups de hache, sa femme et un enfant âgé de dix-neuf mois tués et brûlés dans leur maison.

Guillaume Méjan a été tué à coups de hache, sa femme et ses deux enfants brûlés dans sa maison.

La femme de Philibert Roux, maçon, a été brûlée avec son enfant dans sa maison.

Le berger de Mme de Saint-Sériés a été tué à coups de marteau.

Ledit Gervais baille, nous a dit que outre lesdits corps morts qui sont au nombre de onze, toutes les maisons du présent lieu ont été brûlées comme nous voyons, qui sont les suivantes :

Premièrement : l'église et la maison claustrale ont été brûlées.

Le château de Mme de Saint-Sériès a été brûlé.

La maison de François Gervais, sa pallière, sa grange, son écurie et tous ses fourrages et paille, tous les harnais de ménagerie ont été brûlés, et les tonneaux.

La maison d'Alexandre Lombard entièrement brûlée.

La maison de Claude Granier a été brûlée.

La maison de Jean Maruc a été entièrement brûlée.

La maison de Jean Poitevin, sa pallière, écurie et bœufs ont été brûlés.

La maison de Fournette brûlée : elle blessée à mort par des coups de baïonnettes.

La maison d'André Nouguier a été brûlée.

La maison de Catherine Garimonne, veuve de Guillaume Rozier, a été brûlée.

La maison où logeait le rentier de Mme de Saint-Sériès a été brûlée et on lui a emmené ses deux mules.

Et non seulement toutes les dites maisons ont été brûlées, mais encore leurs appartenances et dépendances comme sont les écuries, celliers, greniers avec toutes leurs denrées, meubles, bestiaux et fourrages.

Le dit Gervais baille nous a dit que nous venons de charger notre procédure des corps morts et des susdites maisons brûlées, nous a requis de tout lui en octroyer acte pour lui servir et valoir ainsi qu'il appartiendra.

Nous dit Reboul, juge, avons octroyé acte de tout ce dessus au dit sieur procureur du Roi et Gervais baille pour lui servir et valoir ainsi qu'il appartiendra, et nous sommes signés avec le dit Fontalieu, greffier d'office, après quoi nous sommes retirés. Ainsi procédé devant nous, Reboul juge, signé ; comme greffier d'office, Fontalieu signé.

Collationné, Commenhes.

Nous ordonnons que par experts il soit procédé à l'estimation du dommage en question sur l'état qui sera remis affirmé véritable devant le premier gradué que nous commettons à cet effet, pour le tout, à nous rapporté, être ordonné ce qu'il appartiendra. Fait à Montpellier le 9 mars 1704.

DELAMOIGNON.
Par Monseigneur,
DE MONTIGNY.

Je n'ai pas retrouvé l'estimation des dégâts faits dans ces deux villages.

Arch. int. C. 253.

Voici encore sur ce sujet une lettre qui montre la terreur qui envahissait nos populations au seul souvenir de ces atrocités : cette lettre est adressée à l'évêque de Montpellier.

Monseigneur,

Tout est ici dans les alarmes : un bruit qui a couru que tous les religionnaires devaient venir la nuit de Noël égorger et brûler Saint-Sériés, Saturargues et Saint-Christol, a jeté la consternation dans tous les cœurs. M. et Mme de Montlaur se sont retirés à Sommières après avoir fait bâtir toutes les portes de leur château : j'ai eu toutes les peines du monde à déterminer M. le pieur de Saturargues à dire les messes de minuit qu'il était résolu de renvoyer au jour, et on m'assure qu'il pensa à avoir un détachement cette nuit. Comme je suis persuadé que c'est une terreur panique, je ne suis pas encore alarmé, mais je crains de le devenir à force de voir des gens qui le sont. Ce qu'il y a de sûr, c'est qu'il est bien désagréable d'avoir à son voisinage des gens capables de tout entreprendre et qui paraissent ne respirer que la révolte, et il y a apparence que s'ils se révoltaient nous serions les premières victimes de leur fureur. Comme tous les villages sont entièrement catholiques, ils n'ont pas à craindre de causer du dommage aux leurs. Les horreurs qu'ils exercèrent il y a quarante ans à Saturargues et ici, sont de bien tristes préjugés. J'ai l'honneur d'être, etc...

FEAUTRIER, Archiprêtre.

Saint-Sériès, ce 19 décembre 1743.
Archives de l'Hérault, fonds de l'Evêché, série G, n° 42 à 50.

SUPPLICE DE SUZANNE BONDURAN

Supplie humblement Suzanne Bonduran, pauvre veuve estropiée par les fanatiques, ancienne catholique du lieu de D'Eus, vous remontre que les dits fanatiques furent audit lieu le 1er novembre 1702 où après avoir fait plusieurs massacres, furent dans la maison de la suppliante, dans laquelle délibérant de quel genre de supplice ils devaient la faire mourir, il fut résolu qu'ils devaient lui arracher les dents, ce qu'ils firent, et croyant que ce n'était pas assez pour assouvir leur fureur, ils lui donnèrent divers coups de hache sur son cou, aînsi qu'il paraît encore de ses cicatrices et d'iceux demeure estropiée de son bras gauche. Les tourments qu'ils lui imposèrent furent si grands que, ne pouvant plus résister à leur violence, elle tomba sur le carreau où elle répandit une quantité prodigieuse de sang, et y resta vingt-quatre heures sans aucun sentiment, et voyant que leur furie n'avait pas achevé leur horrible dessein, voulant consommer l'ouvrage que la malice d'enfer leur inspirait, ils firent de ses effets un autel sur lequel ils voulaient immoler cette triste victime ; mais le Seigneur ne voulut pas permettre qu'ils poussassent leur cruauté plus loin... »

Arch. int. C. 266.

SUPPLICE DE PIERRE BUISSON

Nous, capitaine au régiment de Menon, certifions à tous qu'il appartiendra que lundi 13ᵉ d'avril ayant été commandé avec cent fusiliers pour aller reconnaître deux feux qui nous paraissaient fort près de Quissac, et que ayant été au premier qui se nomme Liouc, vieux château appartenant à M. de la Roque, nous aurait été dit que les scélérats y auraient mis le feu, n'étant que au nombre de sept à huit ; ensuite de quoi je fis marcher en avant ma troupe pour aller à l'autre feu qui était à la métairie de Gradignargues qui appartient à M. de Condé, où en arrivant j'y ai trouvé le feu pris aux quatre coins de la dite métairie, le rentier cruellement égorgé avec un de ses valets, à qui l'on avait coupé le nez, les oreilles et les parties honteuses. Je m'informai avec la veuve du défunt qui se trouva auprès de son mari avec cinq ou six petits enfants, qui aurait mis le feu à la dite métairie. Elle m'aurait répondu : ce sont les scélérats qui sont venus il n'y a pas une heure au nombre d'une vingtaine, tous à cheval. La pauvre femme et ses enfants sont dignes de compassion. Fait à Quissac ce 17 août 1703.

BATAILLE.

Arch. int. C. 253.

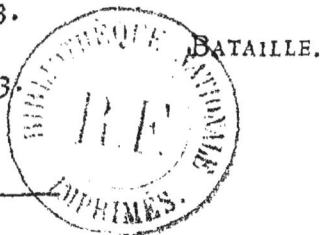

• TABLE DES MATIÈRES

—

Saint-Amand (Cher). — Imprimerie BUSSIÈRE .

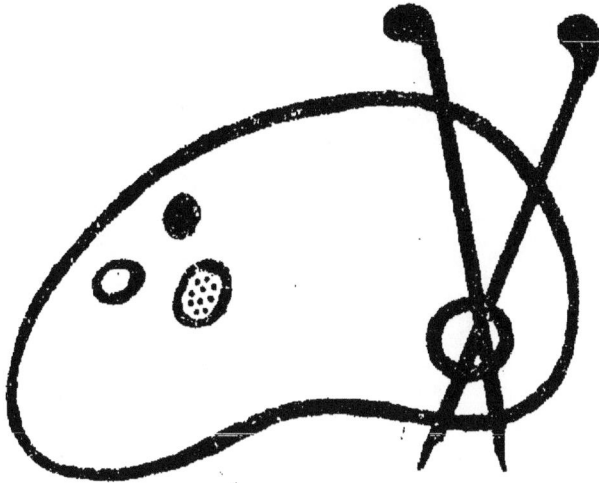

Original en couleur

NF Z 43-120-8